全国期货从业人员执业资格考试热题库

期货基础知识

全国资格认证考试热题库编委会
邵冰　主编

策划编辑：陈希尔
封面设计： 砚祥志远·激光照排

如有任何疑问
请联系客服人员

联系我们：
地址：辽宁省大连市沙河口区星海大厦
电话：0411-84669496
邮箱：retiku@retiku.cn

扫一扫，关注中国纺织出版社热题库系列

中国纺织出版社
热题库

中国纺织出版社
官方微信大众版

中国纺织出版社
官方微博

中国纺织出版社
天猫旗舰店

ISBN 978-7-5180-4026-1

定价：58.00元

中国纺织出版社
全国百佳出版单位
国家一级出版社

内 容 提 要

本书主要依据期货从业人员资格考试大纲中的"期货基础知识"科目要求而编写，内容涵盖思维导图、模拟试卷、热题库三部分，思维导图能够帮助读者理清复习脉络，模拟试卷可以帮助读者检测复习效果，热题库可以帮助读者逐一击破考试重点、难点及易错点，增强应试能力。

图书在版编目（CIP）数据

全国期货从业人员执业资格考试热题库. 期货基础知识／全国资格认证考试热题库编委会，邵冰主编. — 北京：中国纺织出版社，2017.11

全国资格认证考试热题库

ISBN 978-7-5180-4026-1

Ⅰ.①全… Ⅱ.①全… ②邵… Ⅲ.①期货交易—从业人员—中国—资格考试—习题集 ②期货交易—资格考试—习题集 Ⅳ.①F830.9-44

中国版本图书馆CIP数据核字（2017）第219551号

策划编辑：陈希尔　　责任印制：储志伟

中国纺织出版社出版发行
地址：北京市朝阳区百子湾东里A407号楼　邮政编码：100124
销售电话：010—67004422　传真：010—87155801
http://www.c-textilep.com
E-mail: faxing@c-textilep.com
中国纺织出版社天猫旗舰店
官方微博http://weibo.com/2119887771
三河市延风印装有限公司印刷　各地新华书店经销
2017年11月第1版第1次印刷
开本：787×1092　1/16　印张：9
字数：200千字　定价：58.00元

凡购本书，如有缺页、倒页、脱页，由本社图书营销中心调换

纺织社资格考试系列热题库

全国银行业专业人员职业资格考试热题库

《银行业法律法规与综合能力》（初级）

《银行业法律法规与综合能力》（中级）

《风险管理》（初级）

《风险管理》（中级）

《个人贷款》（初级）

《个人贷款》（中级）

《个人理财》（初级）

《个人理财》（中级）

《公司信贷》（初级）

《公司信贷》（中级）

《银行管理》（初级）

《银行管理》（中级）

全国期货从业人员执业资格考试热题库

《期货法律法规》

《期货基础知识》

《期货投资分析》

全国证券从业人员执业资格考试热题库

《金融市场基础知识》

《证券市场基本法律法规》

全国基金从业人员执业资格考试热题库

《基金法律法规、职业道德与业务规范》

《证券投资基金基础知识》

《私募股权投资基金基础知识》

心理咨询师国家职业资格考试热题库

《心理咨询师》（二级）

《心理咨询师》（三级）

目 录

一、热题库使用说明

二、思维导图

  第一章 期货及衍生品概述

  第二章 期货市场组织结构与投资者

  第三章 期货合约与期货交易制度

  第四章 套期保值

  第五章 期货投机与套利交易

  第六章 期权

  第七章 外汇衍生品

  第八章 利率期货及衍生品

  第九章 股指期货及其他权益类衍生品

  第十章 期货价格分析

三、模拟试卷

  《期货基础知识》模拟试卷（一）

  《期货基础知识》模拟试卷（二）

  《期货基础知识》模拟试卷（三）

参考答案及解析

第一章 期货及衍生品概述

第一节 期货及衍生品市场的形成与发展

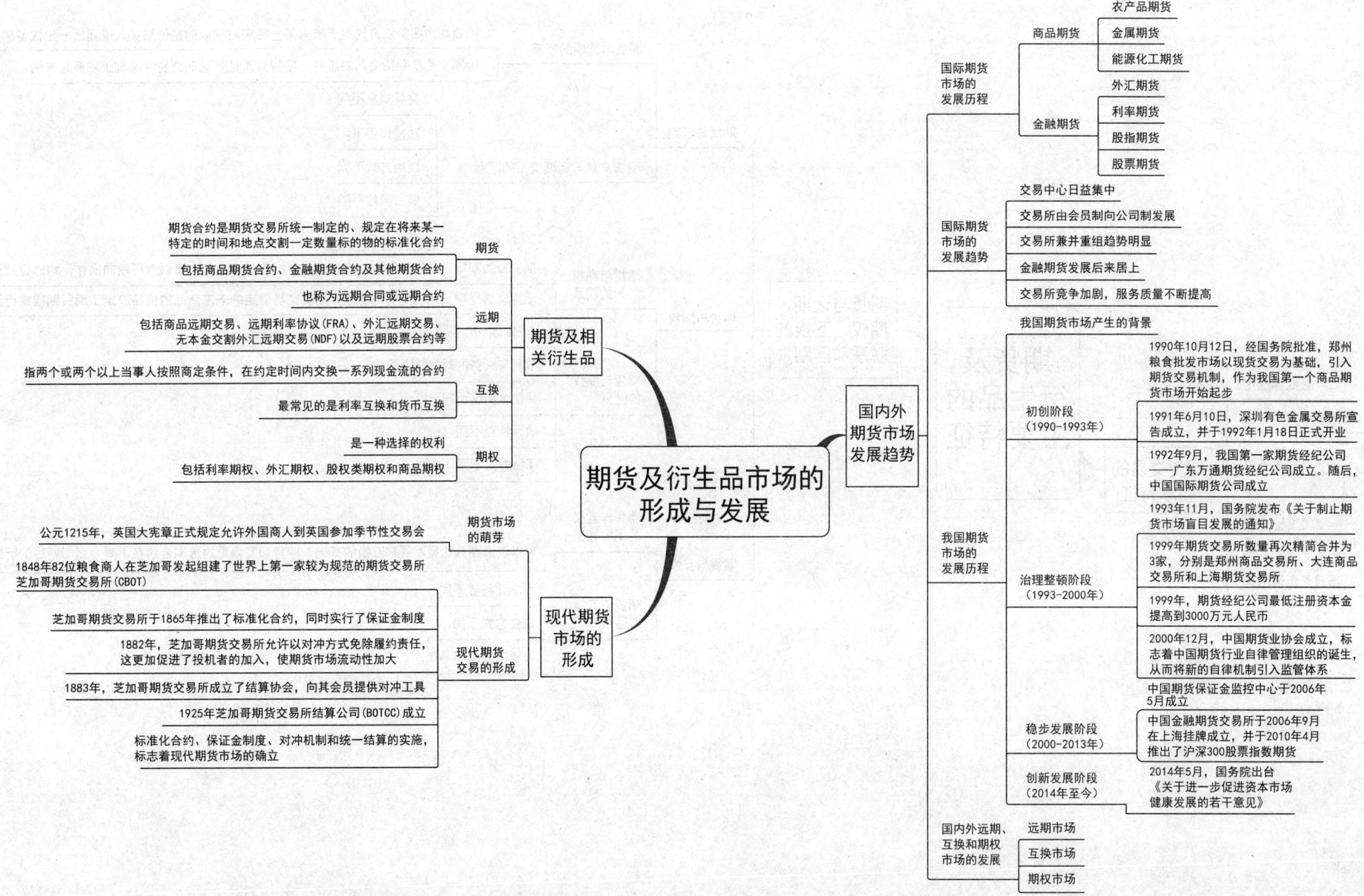

第二节 期货及衍生品的主要特征

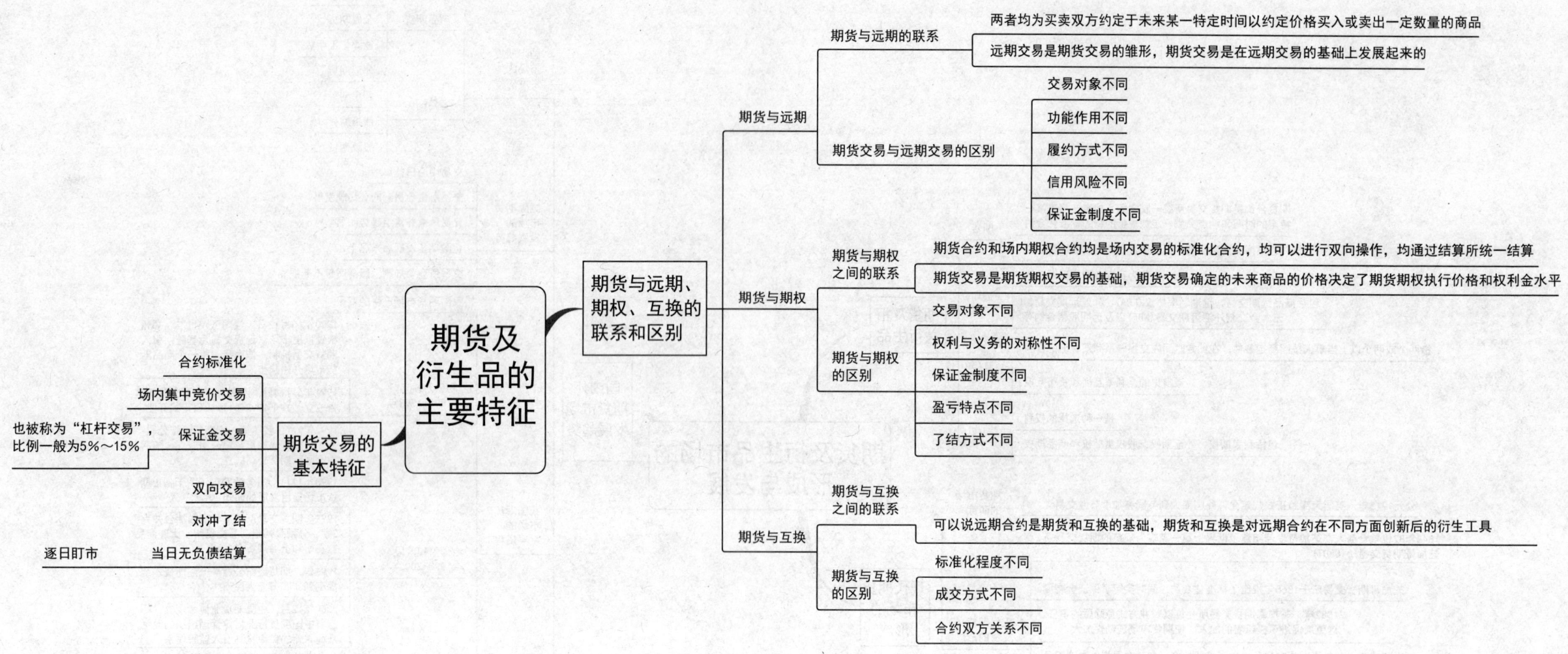

第三节 期货及衍生品的功能和作用

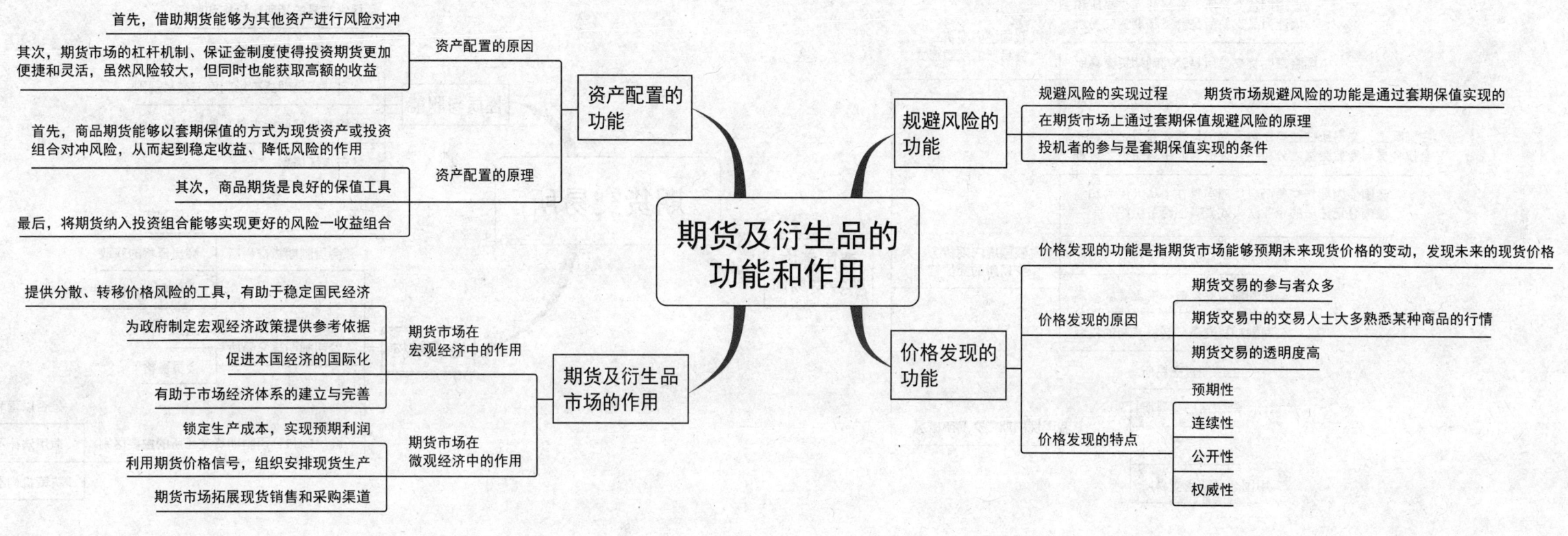

第二章 期货市场组织结构与投资者

第一节 期货交易所

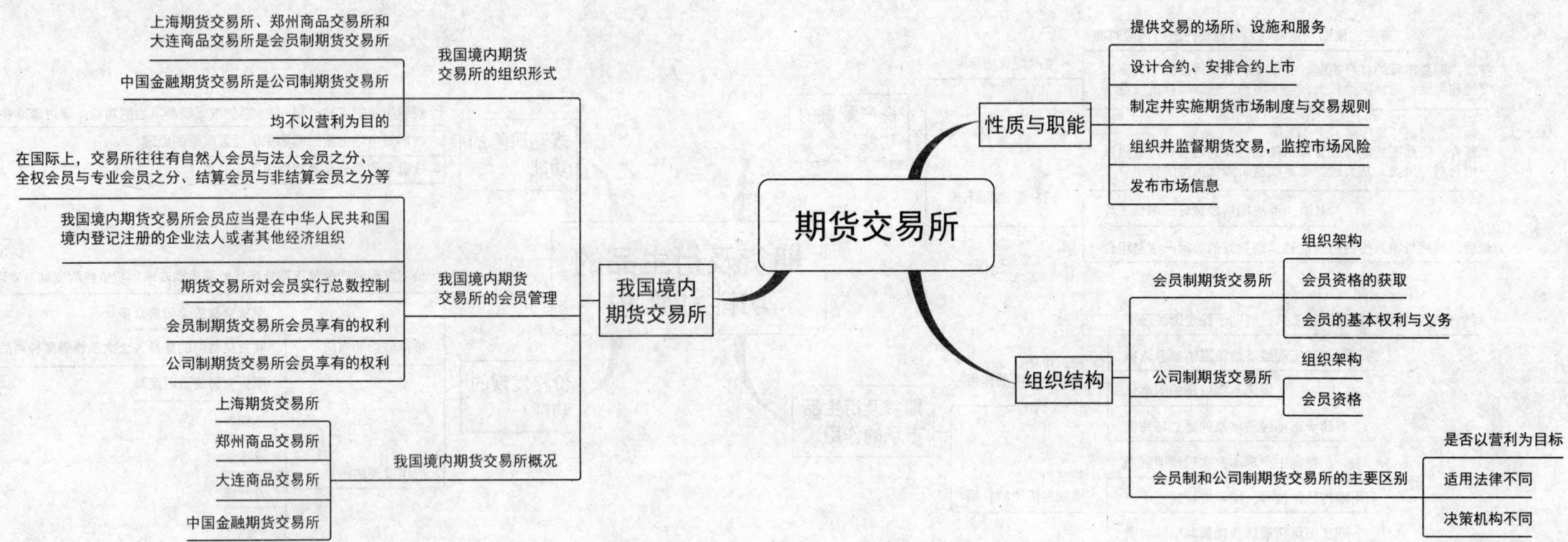

第二节 期货结算机构

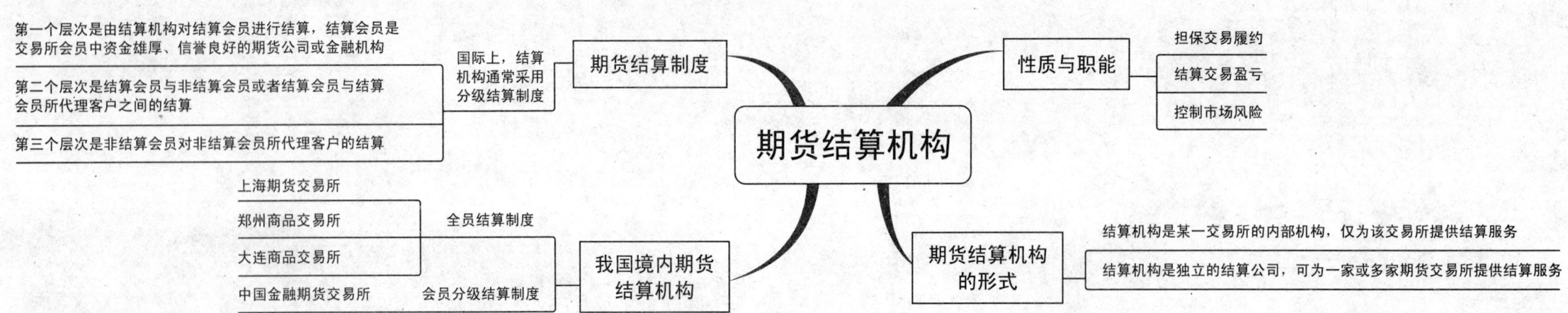

第三节 期货中介与服务机构

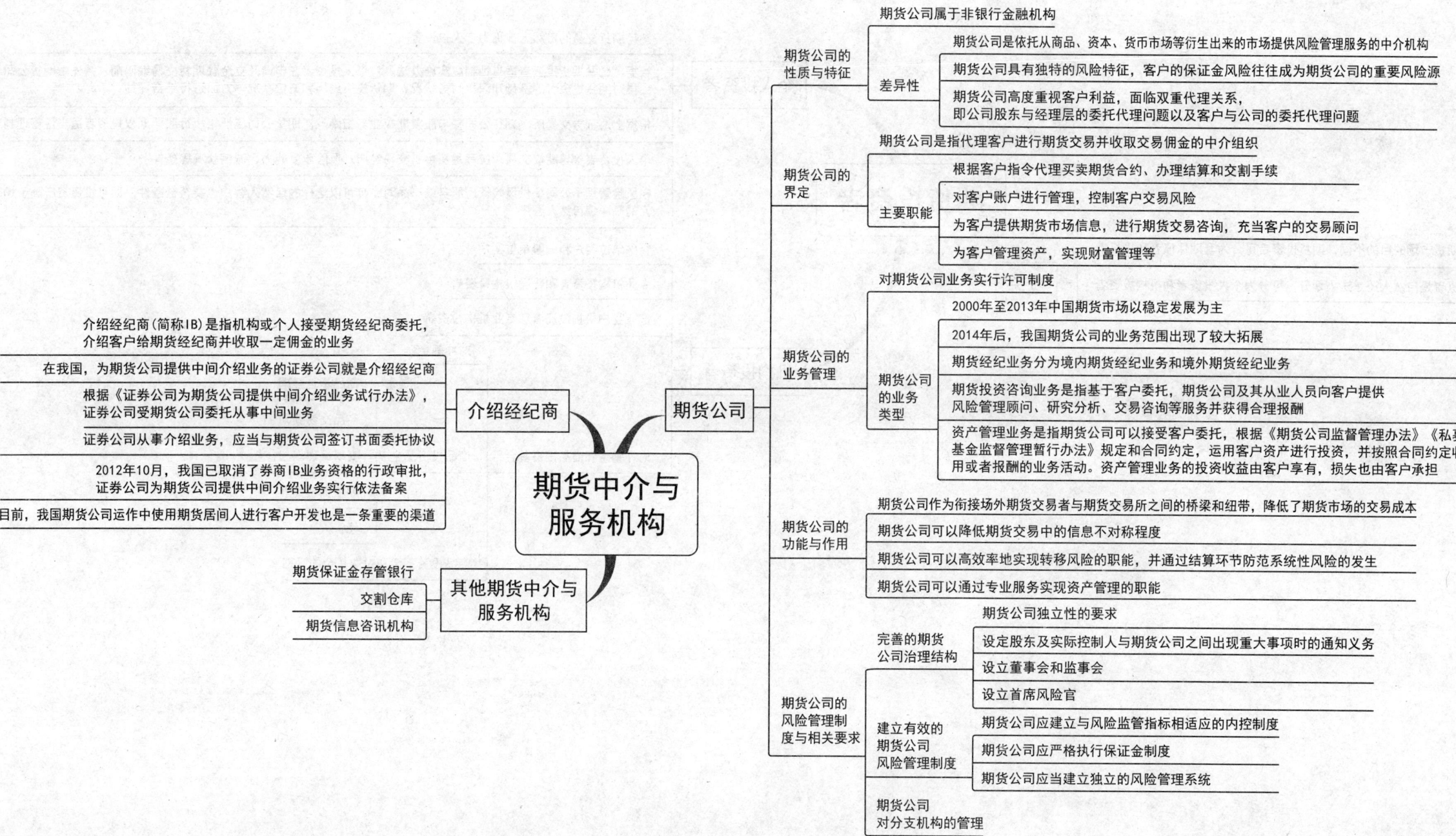

第四节 期货投资者

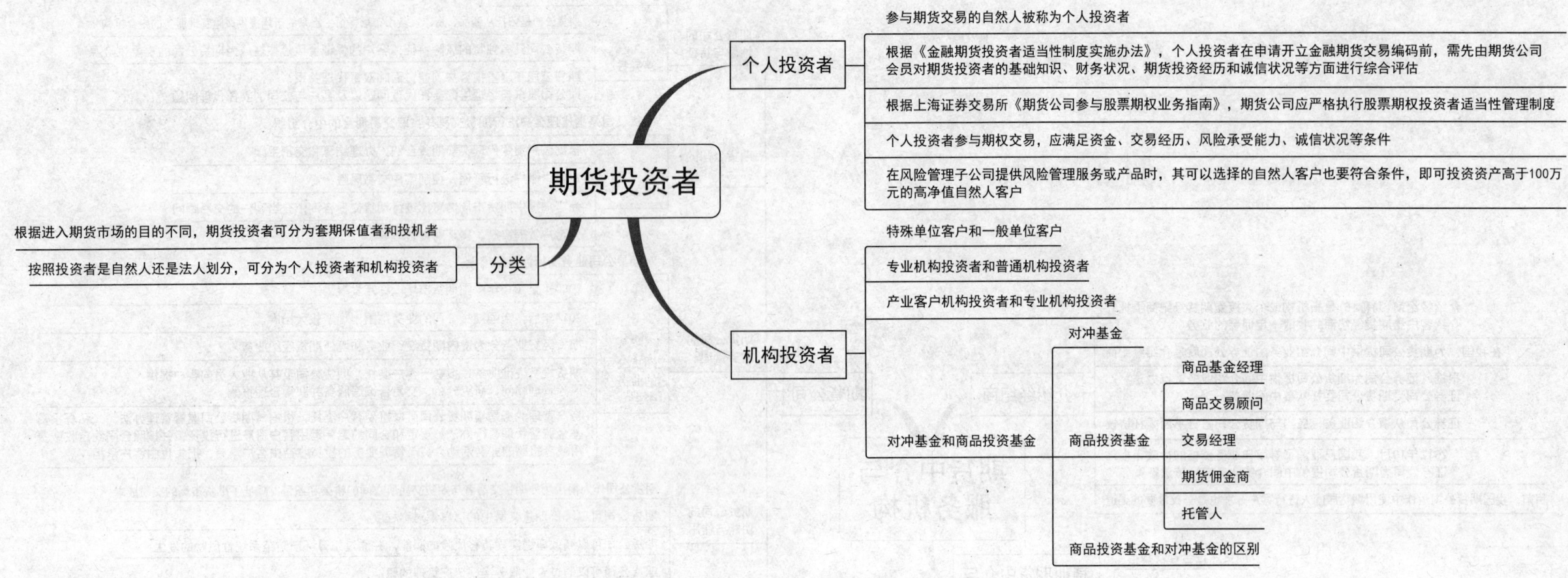

第三章 期货合约与期货交易制度

第一节 期货合约

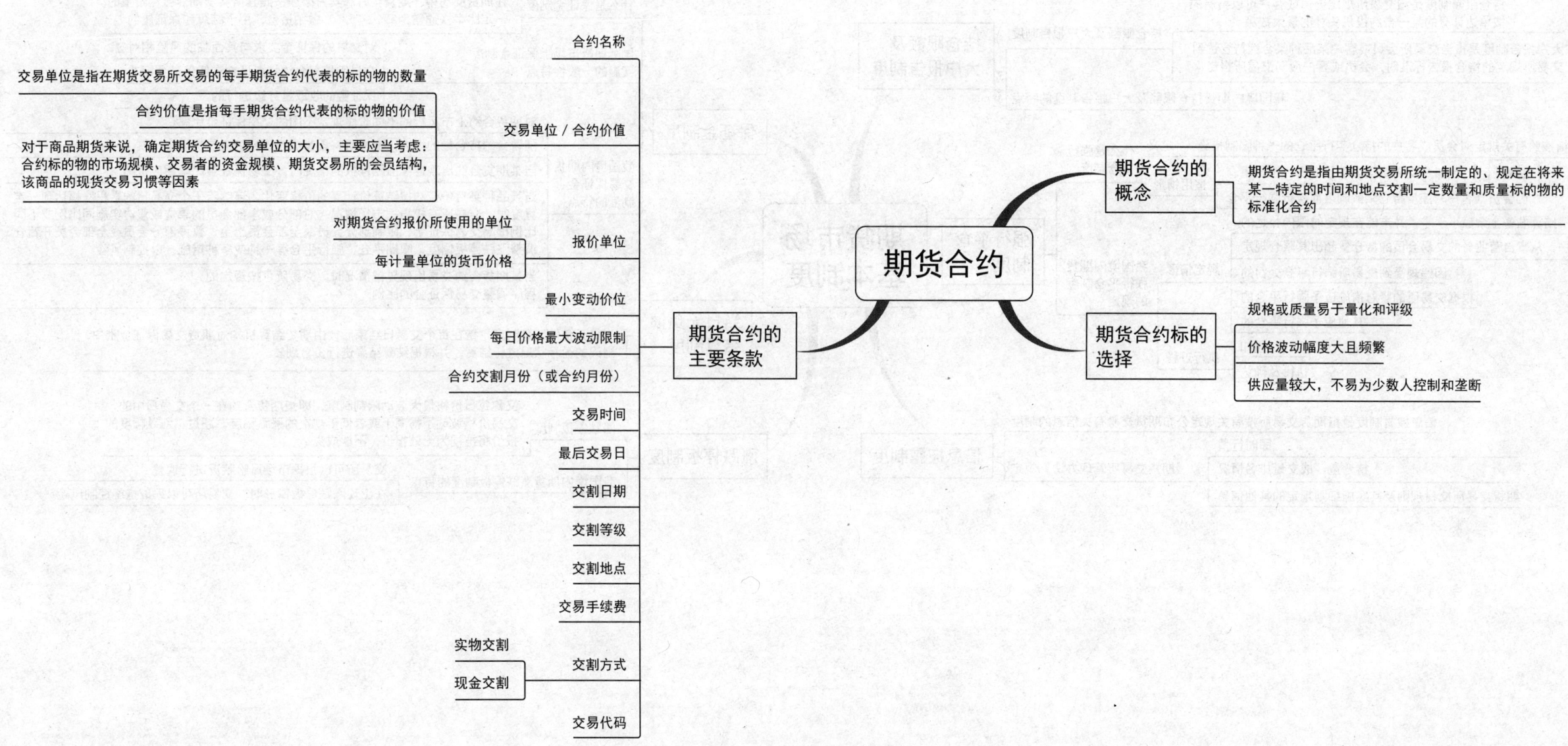

第二节　期货市场基本制度

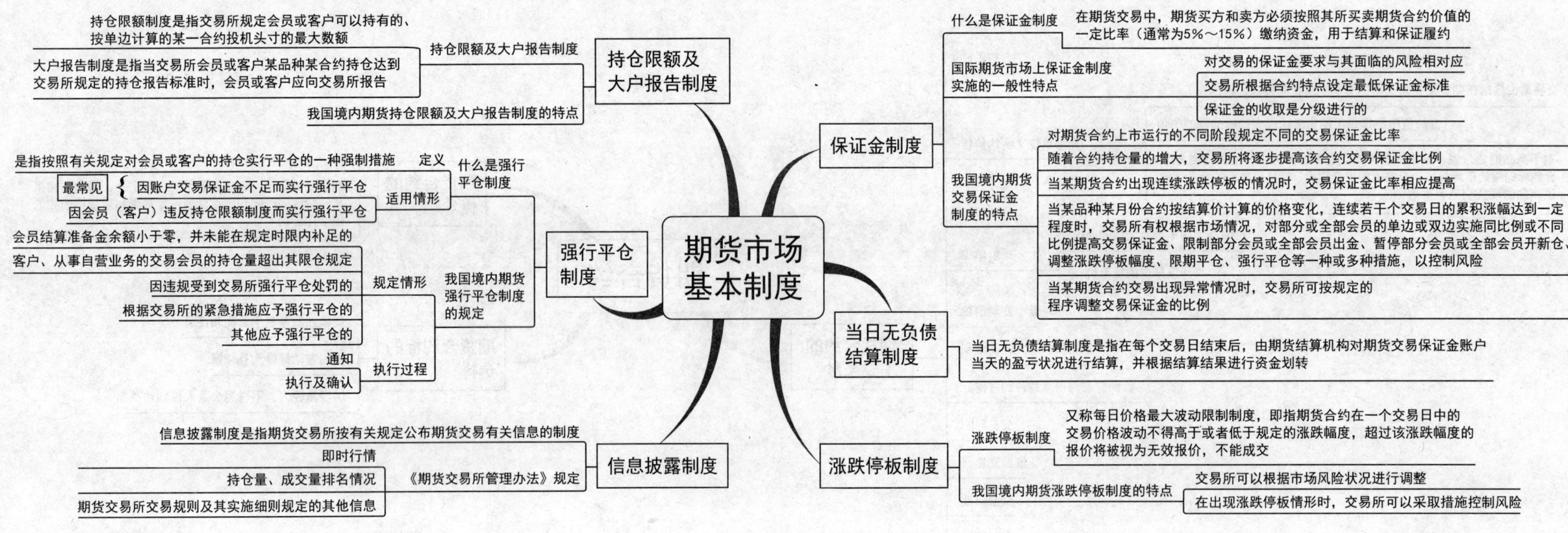

第三节 期货交易流程

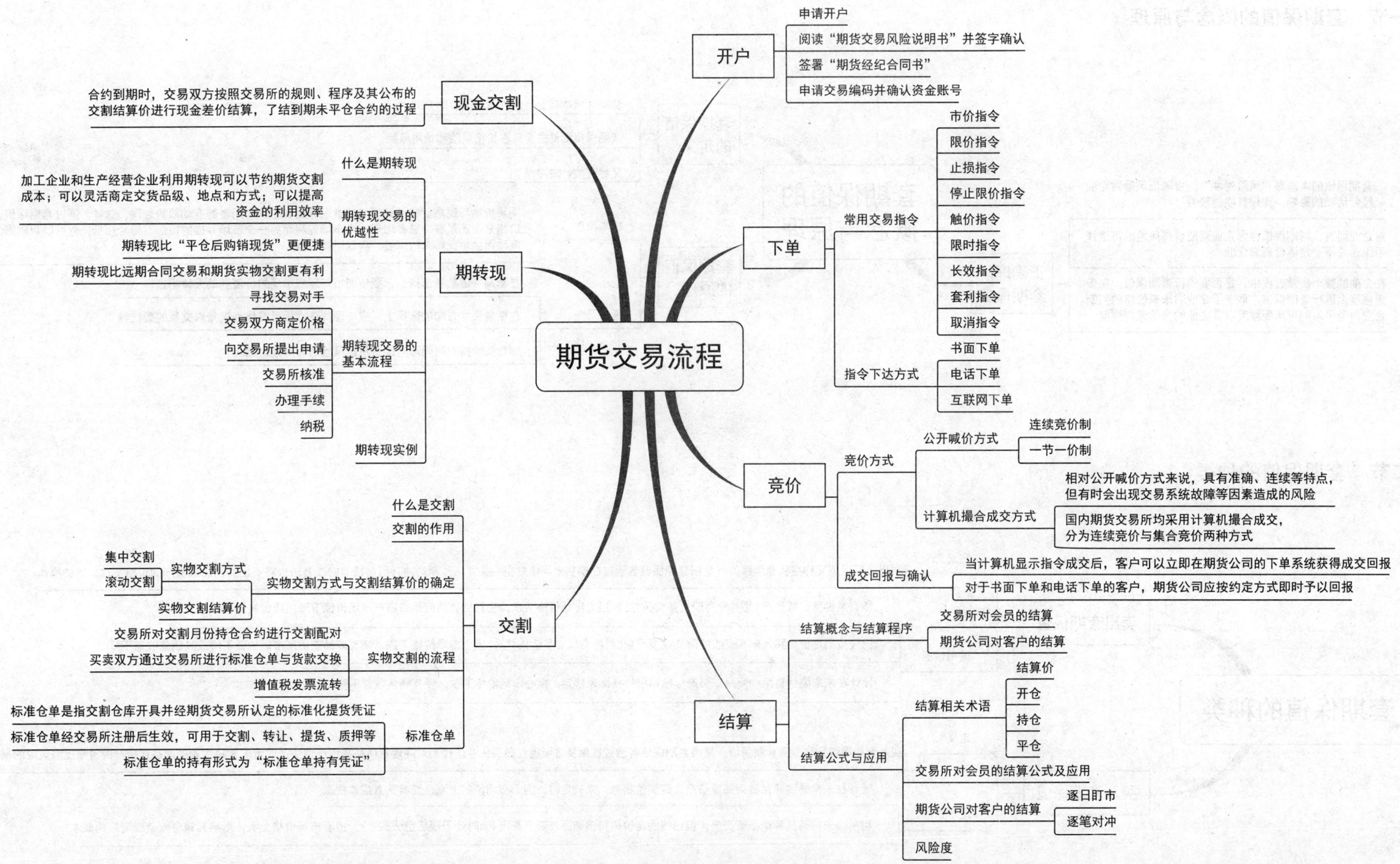

第四章 套期保值

第一节 套期保值的概念与原理

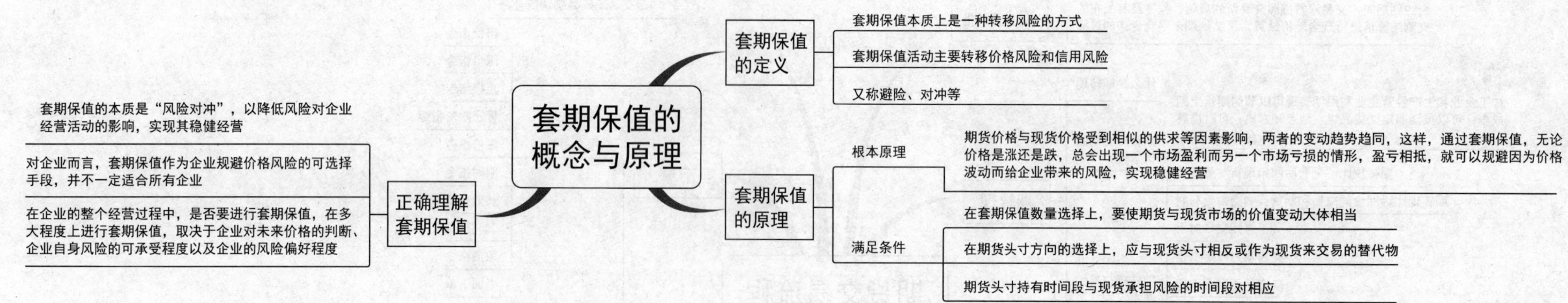

第二节 套期保值的种类

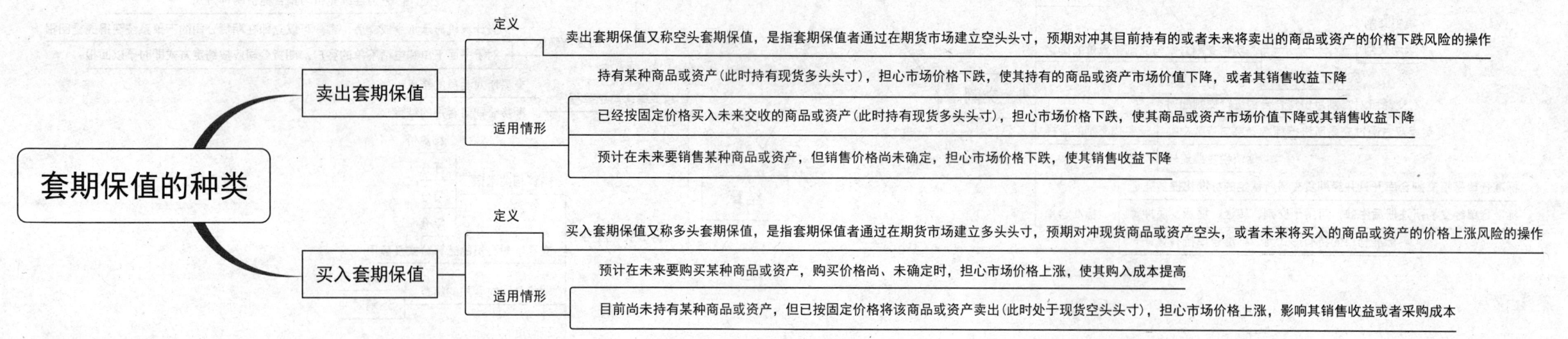

第三节 基差与套期保值效果

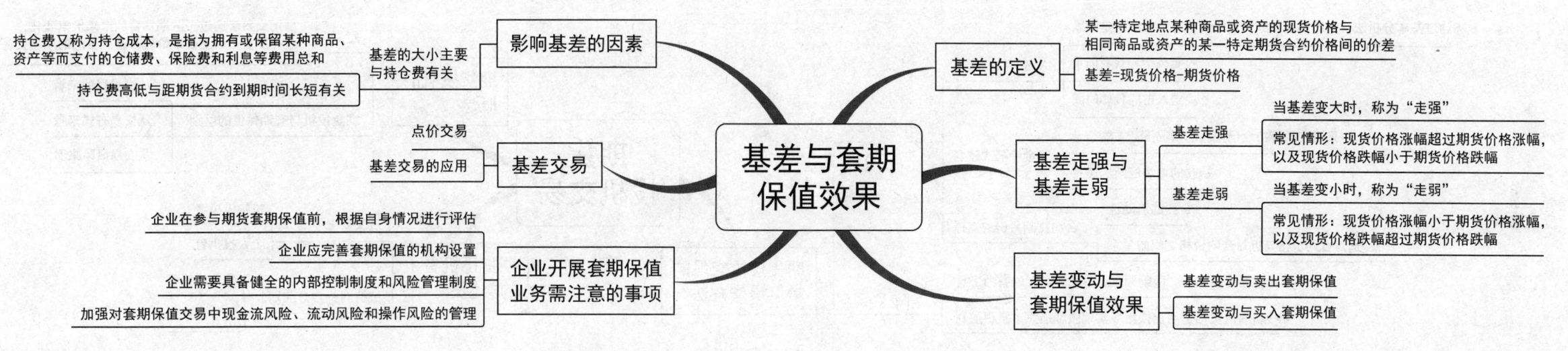

第五章 期货投机与套利交易

第一节 期货投机交易

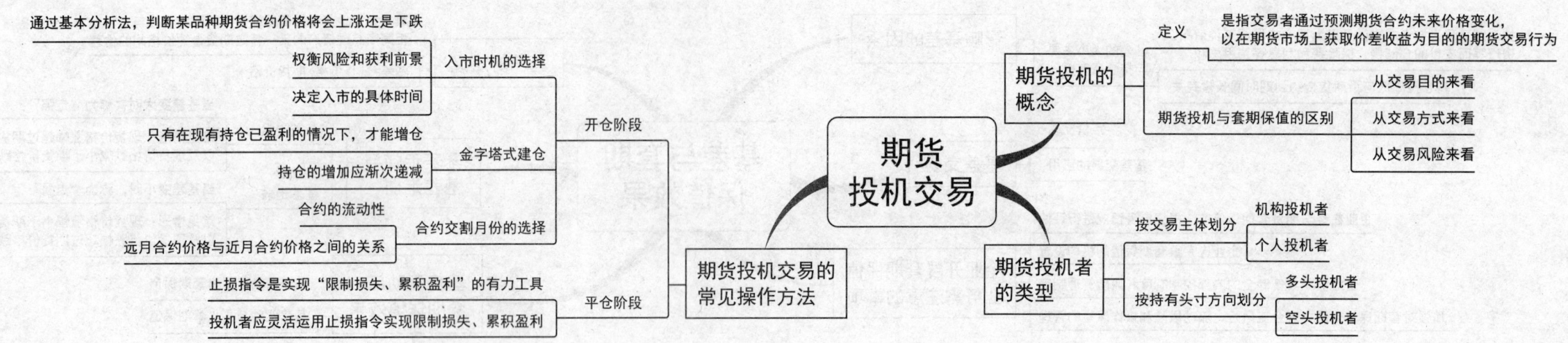

第二节 期货套利交易

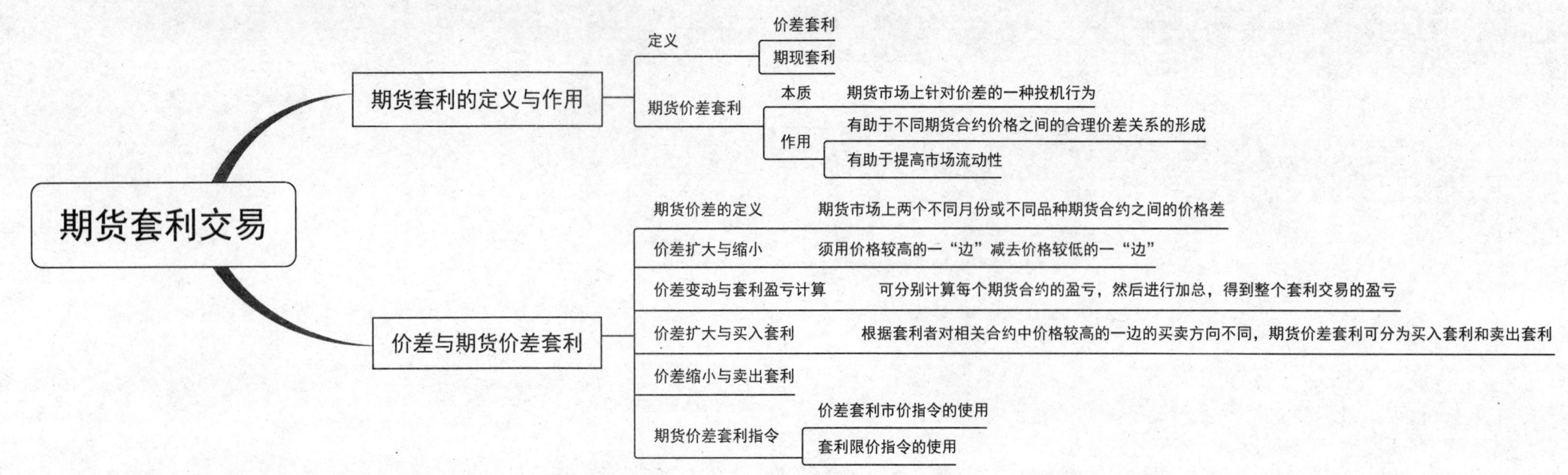

第三节 期货套利的基本策略

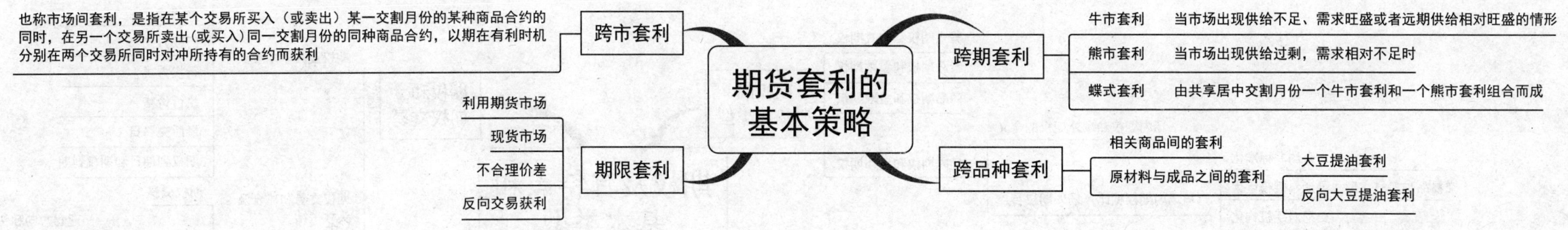

- 跨市套利：也称市场间套利，是指在某个交易所买入（或卖出）某一交割月份的某种商品合约的同时，在另一个交易所卖出（或买入）同一交割月份的同种商品合约，以期在有利时机分别在两个交易所同时对冲所持有的合约而获利
- 期限套利：利用期货市场、现货市场、不合理价差、反向交易获利
- 跨期套利：
  - 牛市套利：当市场出现供给不足、需求旺盛或者远期供给相对旺盛的情形
  - 熊市套利：当市场出现供给过剩，需求相对不足时
  - 蝶式套利：由共享居中交割月份一个牛市套利和一个熊市套利组合而成
- 跨品种套利：
  - 相关商品间的套利
  - 原材料与成品之间的套利：大豆提油套利、反向大豆提油套利

第六章 期权

第一节 期权及其特点和基本类型

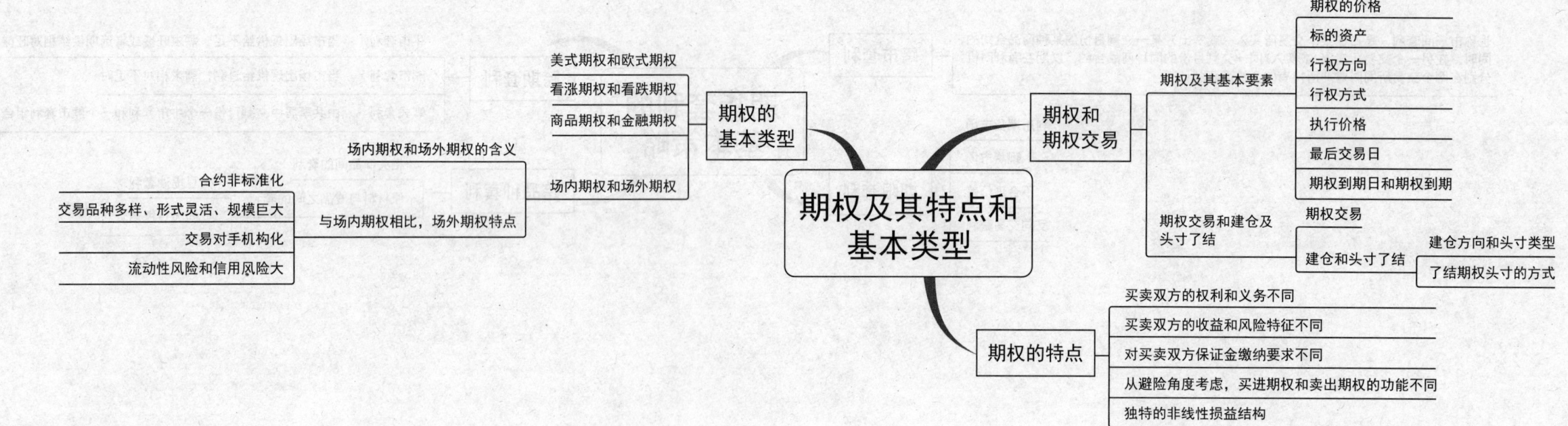

第二节 期权价格及影响因素

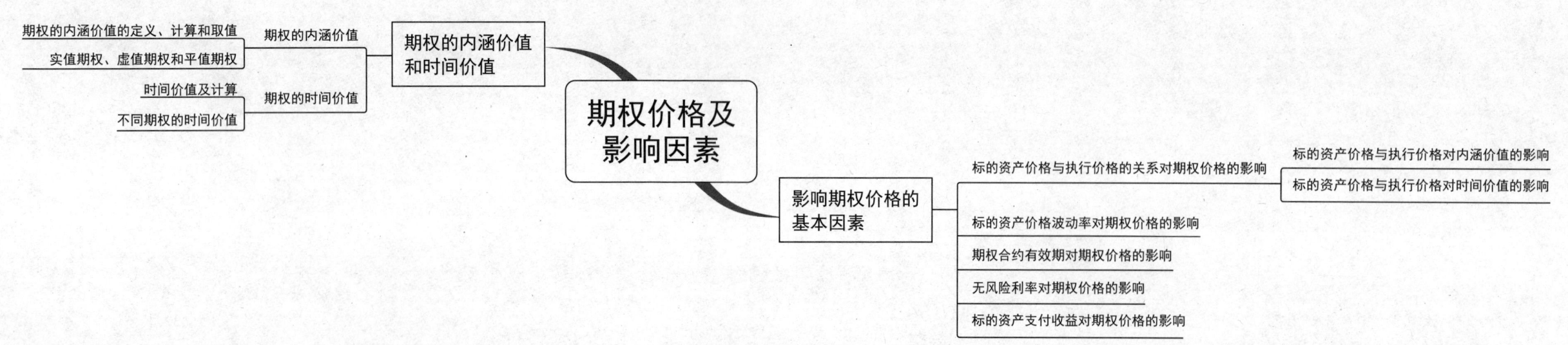

第三节 期权交易的基本策略

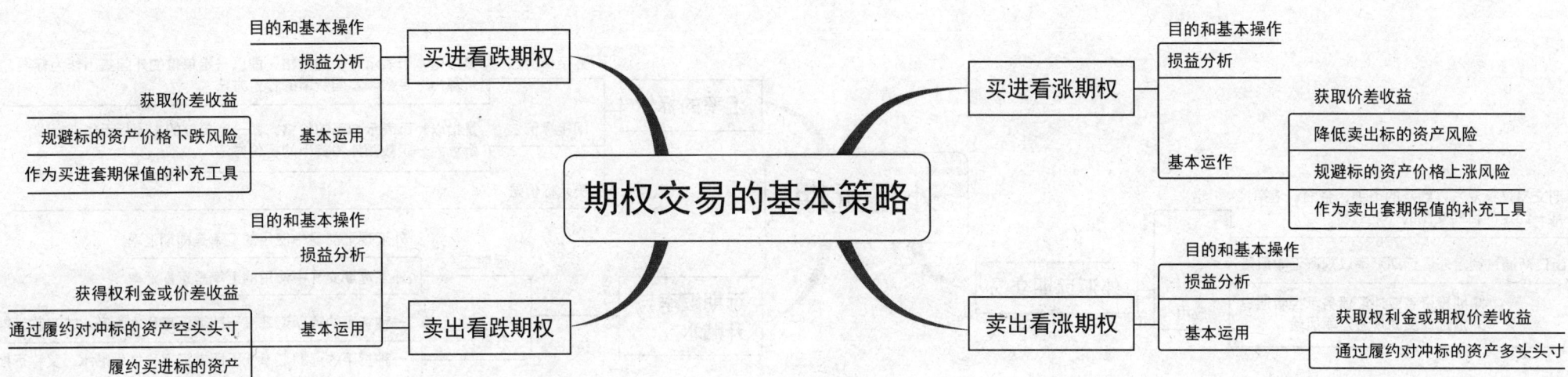

第七章 外汇衍生品

第一节 外汇远期

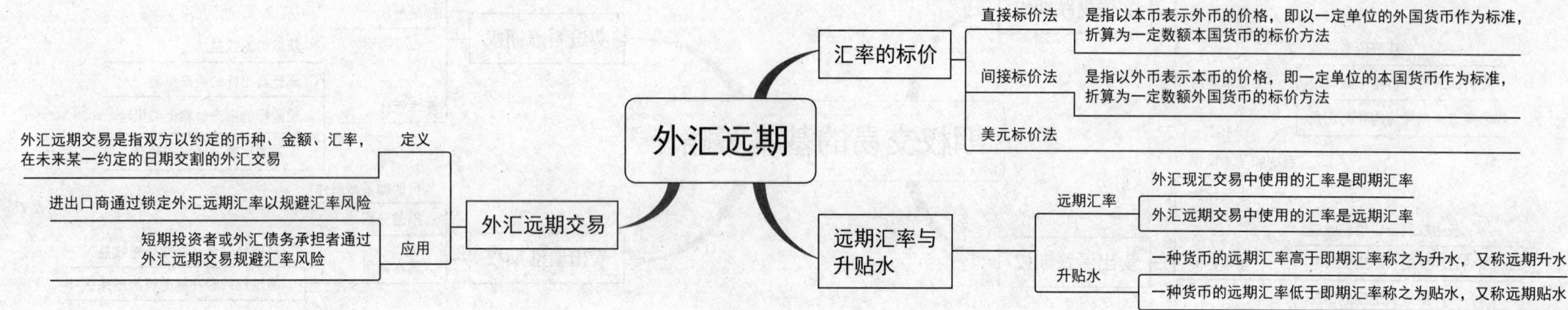

第二节 外汇期货

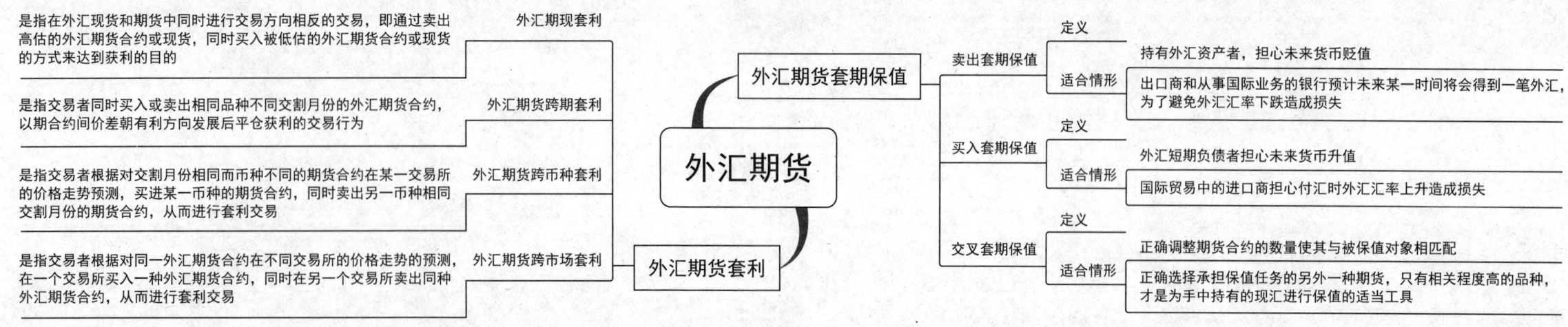

第三节 外汇掉期与货币互换

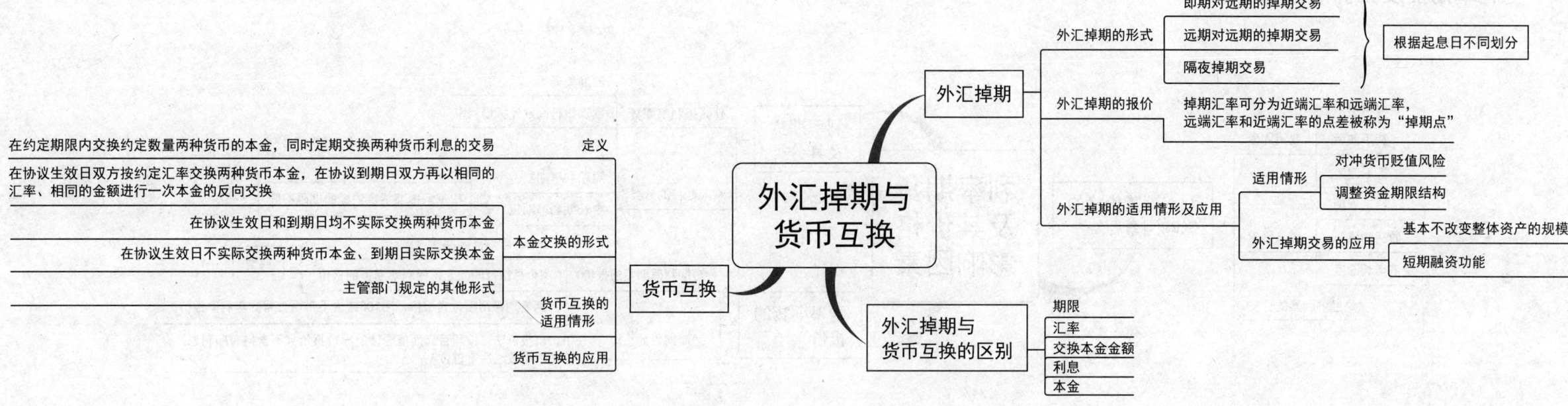

第四节 外汇期权

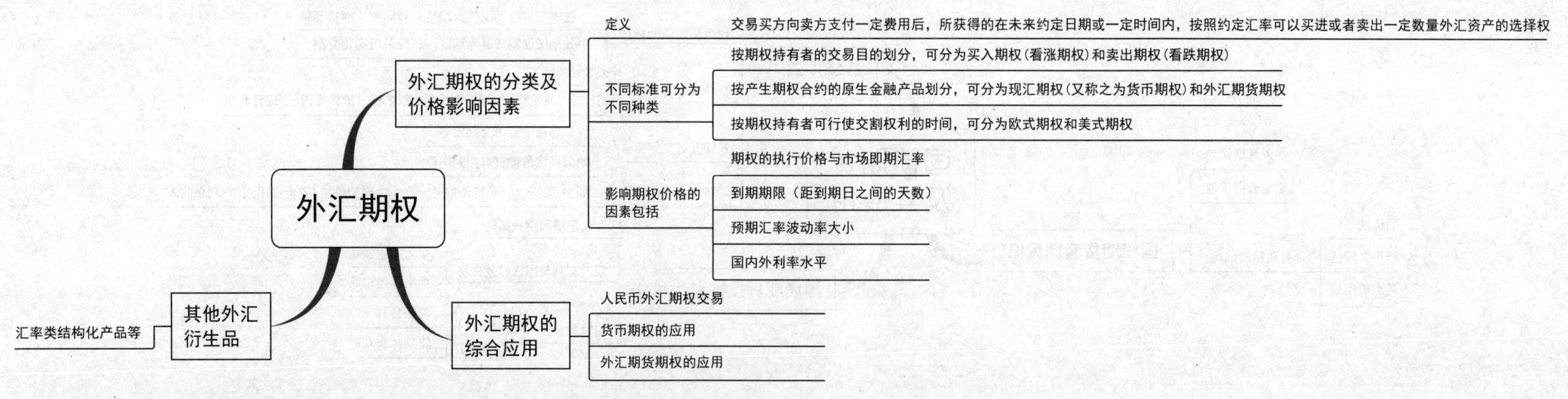

第八章 利率期货及衍生品

第一节 利率期货及其价格影响因素

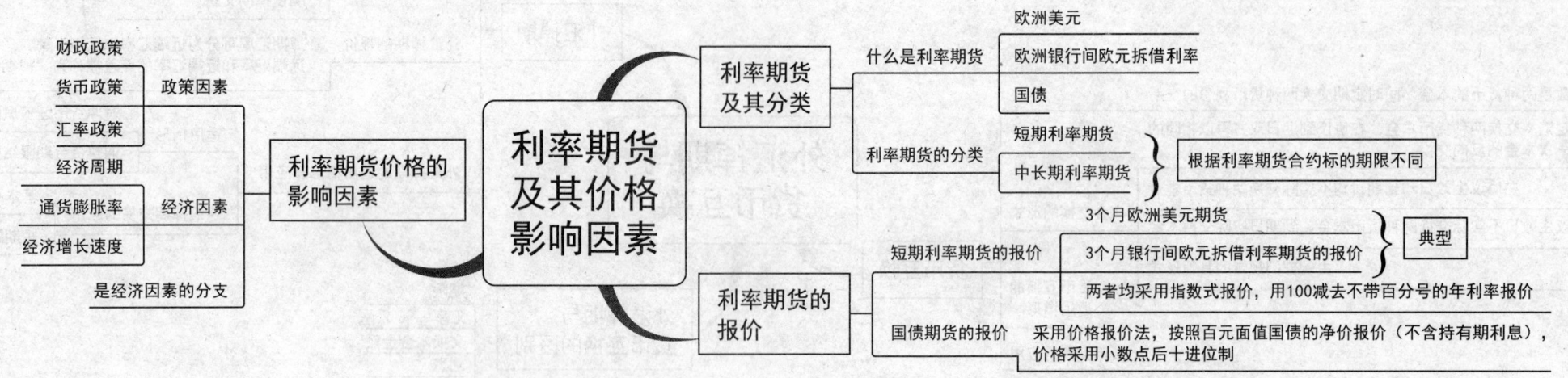

第二节 国债期货及其应用

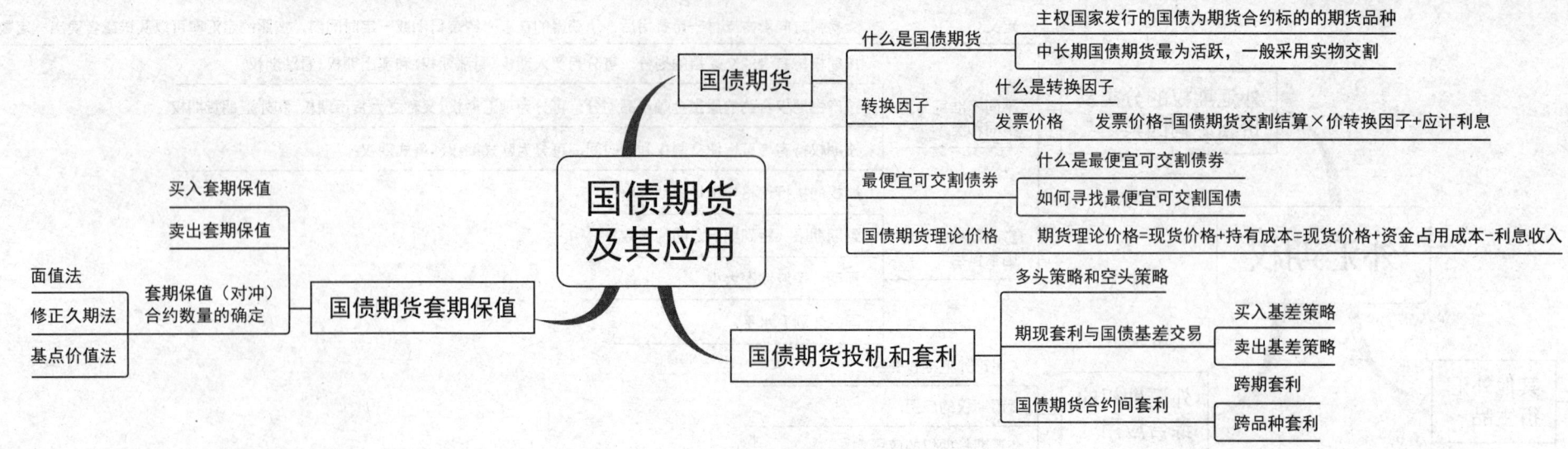

第三节 其他利率类衍生品

```
                                                              ┌─ 远期利率协议 ── 远期利率协议（FRA）是远期合约的一种，买卖双方同意
                                                              │                  从未来某一时刻开始的某一特定期限内按照协议借贷一定
                                                              │                  数额以特定货币表示的名义本金的协议
是指交易双方约定在未来一定期限内，根据同种货币的名义本金    什么是利率互换 ┐
交换现金流，其中一方的现金流按事先确定的某一浮动利率计算， ──────────── ├── 利率互换 ── 其他利率类衍生品
另一方的现金流则按固定利率计算                               │              │
                                                              │              └─ 利率期权 ┬─ 什么是利率期权
常见期限有1年、2年、3年、4年、5年、7年与10年，30年和50年的互换也时有发生         ├─ 利率上限（期权）
                                                                              └─ 利率下限（期权）
```

- **其他利率类衍生品**
  - **远期利率协议**：远期利率协议（FRA）是远期合约的一种，买卖双方同意从未来某一时刻开始的某一特定期限内按照协议借贷一定数额以特定货币表示的名义本金的协议
  - **利率互换**
    - 什么是利率互换：是指交易双方约定在未来一定期限内，根据同种货币的名义本金交换现金流，其中一方的现金流按事先确定的某一浮动利率计算，另一方的现金流则按固定利率计算
    - 常见期限有1年、2年、3年、4年、5年、7年与10年，30年和50年的互换也时有发生
  - **利率期权**
    - 什么是利率期权
    - 利率上限（期权）
    - 利率下限（期权）

第九章 股指期货及其他权益类衍生品

第一节 股票指数与股指期货

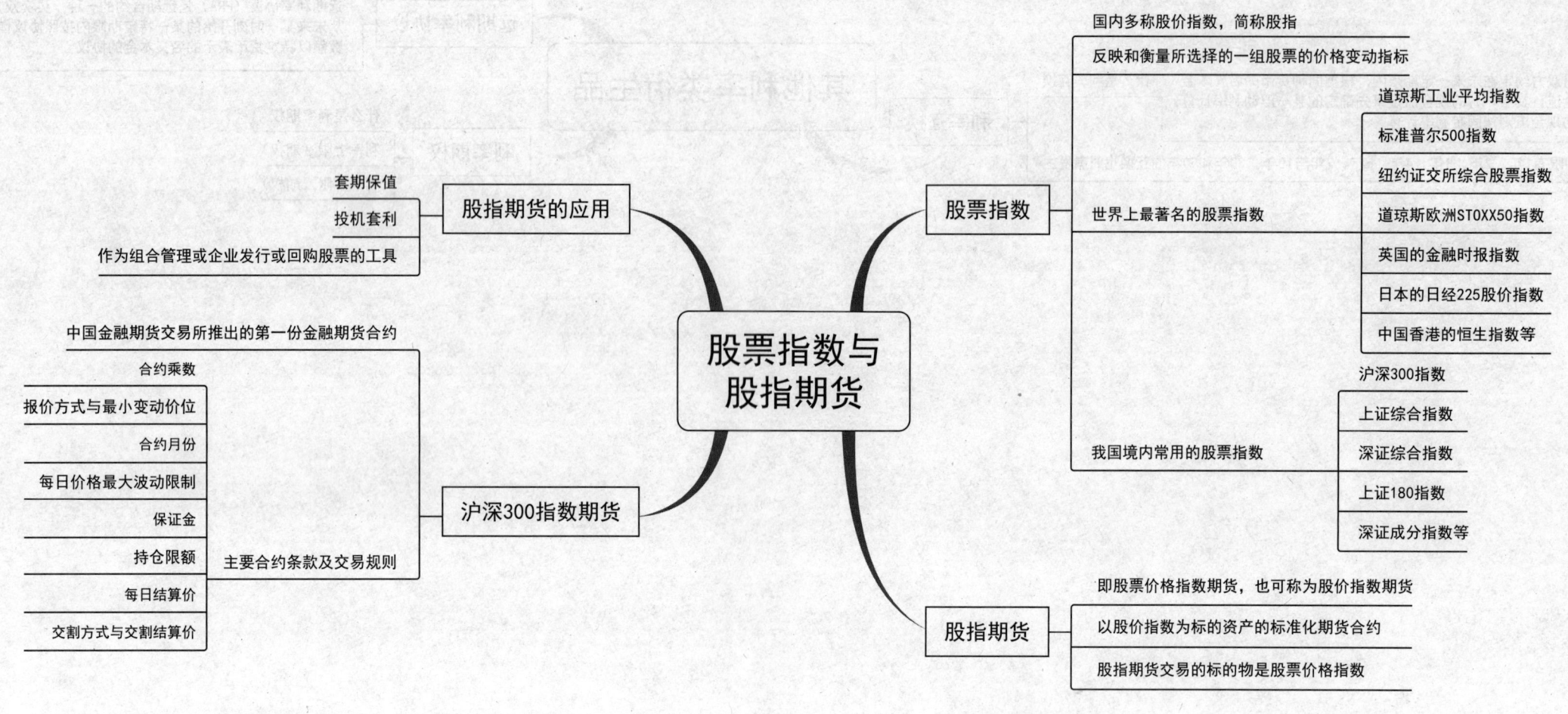

第二节 股指期货套期保值交易

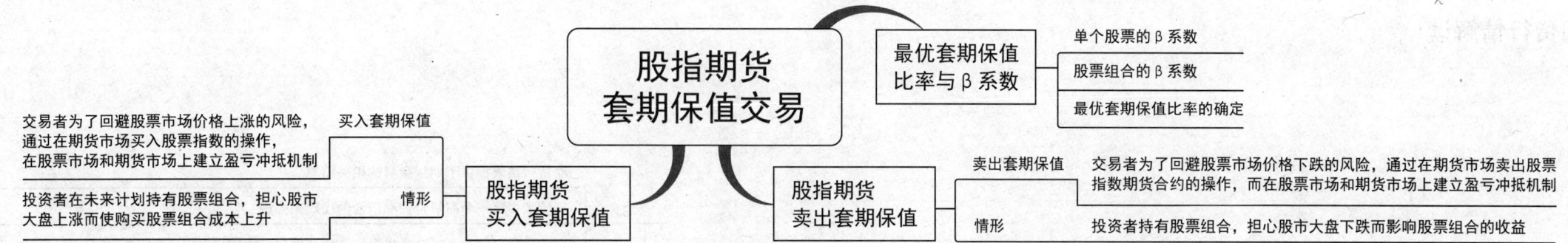

第三节 股指期货投机与套利交易

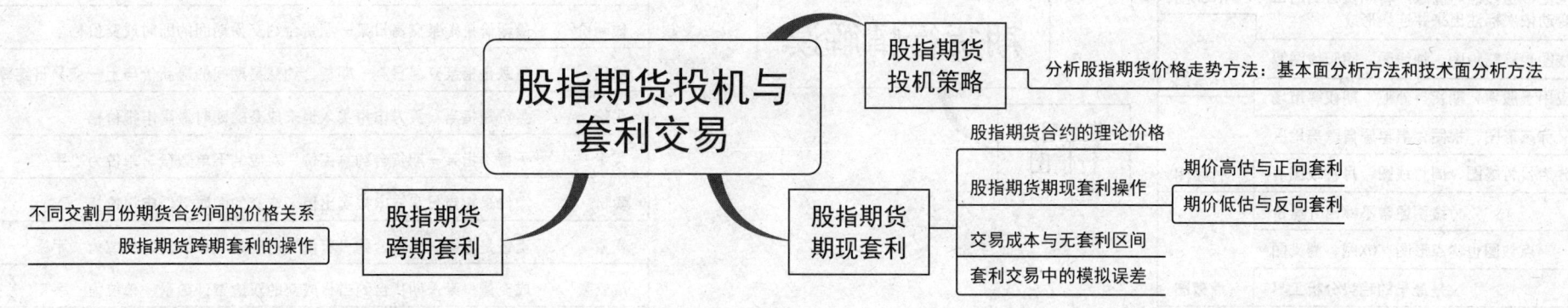

第四节 权益类期权

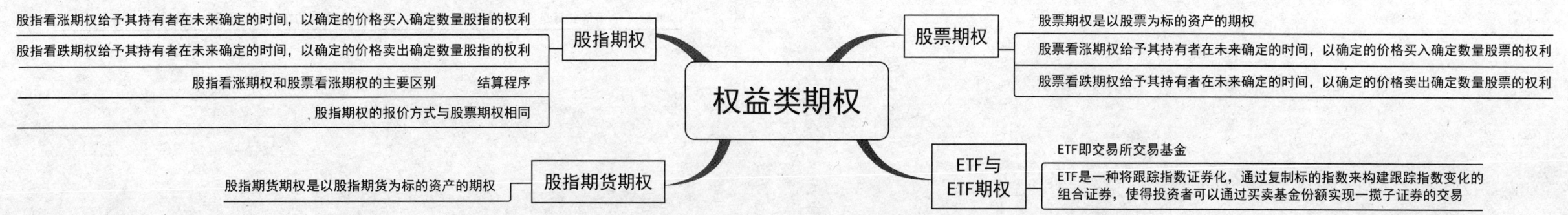

第十章 期货价格分析

第一节 期货行情解读

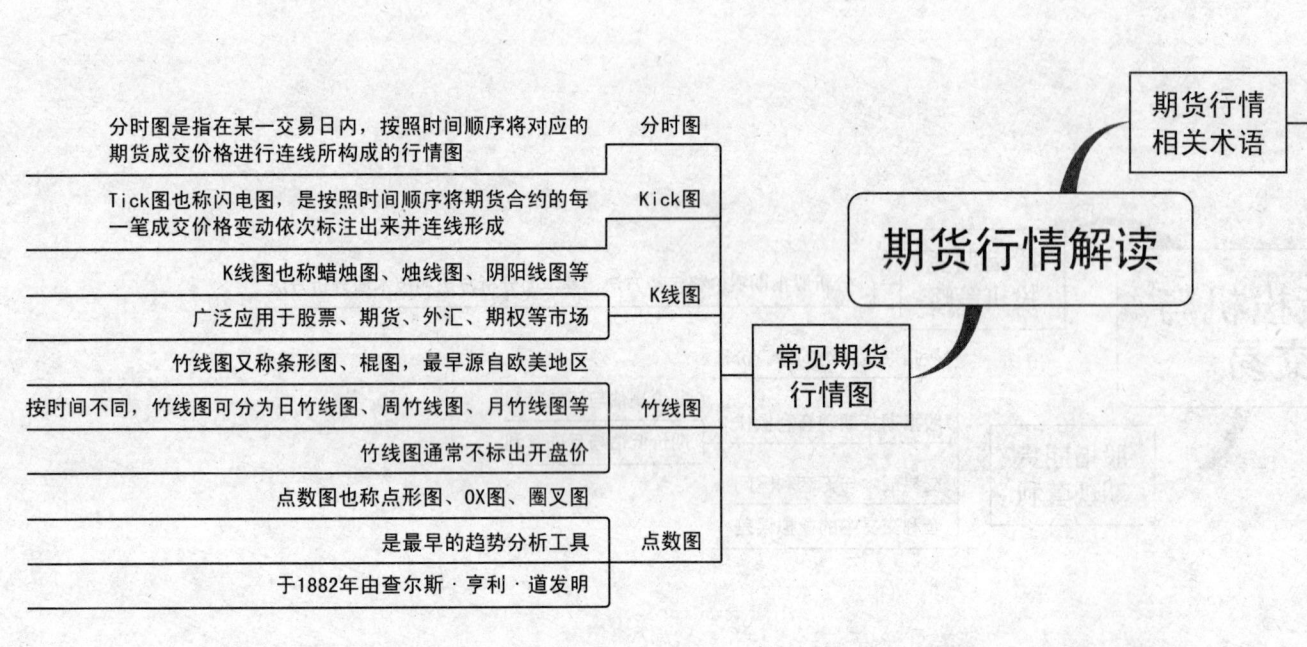

第二节　基本面分析

- 基本面分析
  - 什么是基本面分析
    - 对于商品期货而言，基本面分析是指从宏观分析出发，对期货品种对应现货市场供求及其影响因素进行分析，从而分析和预测期货价格和走势的方法
    - 基本面分析法以供求分析为基础，研究价格变动的内在因素和根本原因，侧重于分析和预测价格变动的中长期趋势
  - 供求分析
    - 供给及其构成
      - 期初库存量
      - 当期国内生产量
      - 当期进口量
    - 需求及其构成
      - 当期国内消费量
      - 当期出口量
      - 期末结存量
    - 均衡价格
      - 均衡是现代经济学的基本概念，市场供给力量与需求力量正好相等时所形成的价格便是均衡价格
    - 期供求分析——平衡表法
      - 供求平衡表分析是一种常见的供求分析方法
      - 市场分析人士特别重视供求平衡表的数据，通过表中供求数据变动，预测价格变动的可能方向
  - 宏观经济分析
    - 经济周期
      - 经济周期一般由复苏、繁荣、衰退和萧条四个阶段构成
    - 经济政策
      - 货币政策
      - 财政政策
      - 产业政策
    - 经济数据
  - 产业链分析
    - 产业链分析是指从期货品种的上下游产业入手，研究产业链各环节及相关因素对商品供求和价格影响及传导，从而分析和预测期货价格
  - 其他影响因素
    - 政治因素
    - 自然因素
    - 国际性行业组织政策
    - 投资和心理因素

第三节　技术分析

- 技术分析
  - 技术分析理论
    - 什么是技术分析方法
      - 是通过对市场行为本身的分析来预测价格的变动方向
    - 三大市场假设
      - 市场行为反映一切信息
      - 价格呈趋势变动
      - 历史会重演
    - 主要理论
      - 道氏理论
        - 市场价格指数可以解释和反映市场的大部分行为
        - 市场波动的三种趋势
        - 交易量在确定趋势中的作用
        - 收盘价是最重要的价格
      - 波浪理论
        - 价格上涨、下跌现象是不断重复的，而且价格涨跌规律具有周期性特征，像水的波浪一样，循环往复
        - 价格运行的大的周期可以细分出小的周期，小的周期又可以再细分成更小的周期，价格周期无论时间长短，都是以一种运动模式进行
        - 一个完整的价格周期要经过8个过程，上升周期由5个上升过程和3个下降调整过程组成，下跌周期由5个下跌过程和3个上升调整过程组成，一个周期结束之后，才会进入下一个周期
      - 江恩理论
        - 江恩认为股票、期货市场也存在自然规则，市场的价格运行趋势不是杂乱无章的，而是可以预测的
      - 循环周期理论
        - 循环周期理论认为，无论什么样的价格波动，都不会向一个方向永远走下去
      - 相反理论
        - 相反理论认为，当绝大多数投资者看法一致时，他们通常是错误的
  - 价格趋势
    - 趋势的方向
      - 由一系列相继上升的波峰和波谷形成的价格走势，称为上升趋势
      - 由一系列相继下降的波峰和波谷形成的价格走势，称为下降趋势
      - 由一系列水平运动的波峰和波谷形成的价格走势，称为水平趋势
    - 趋势的级别
      - 主要趋势
      - 次要趋势（中级趋势）
      - 短暂趋势
  - 价格形态
    - 价格形态分析是以原始数据（价格、成交量、持仓量和时间）构成的形态为对象来分析判断和预测市场价格未来变化的方向和趋势
  - 技术指标
    - 常见技术指标有：移动平均线（MA）、平滑异同移动平均线（MACD）、布林线（BOLL）、威廉指标（WR）、随机摆动指标（KDJ）等
  - K线分析
    - K线是将一段时间的开盘价、收盘价、最高价、最低价，用图形的方式表示出来
  - 量价分析
    - 交易行为与持仓量
    - 交易量与价格形态
    - 持仓量分析

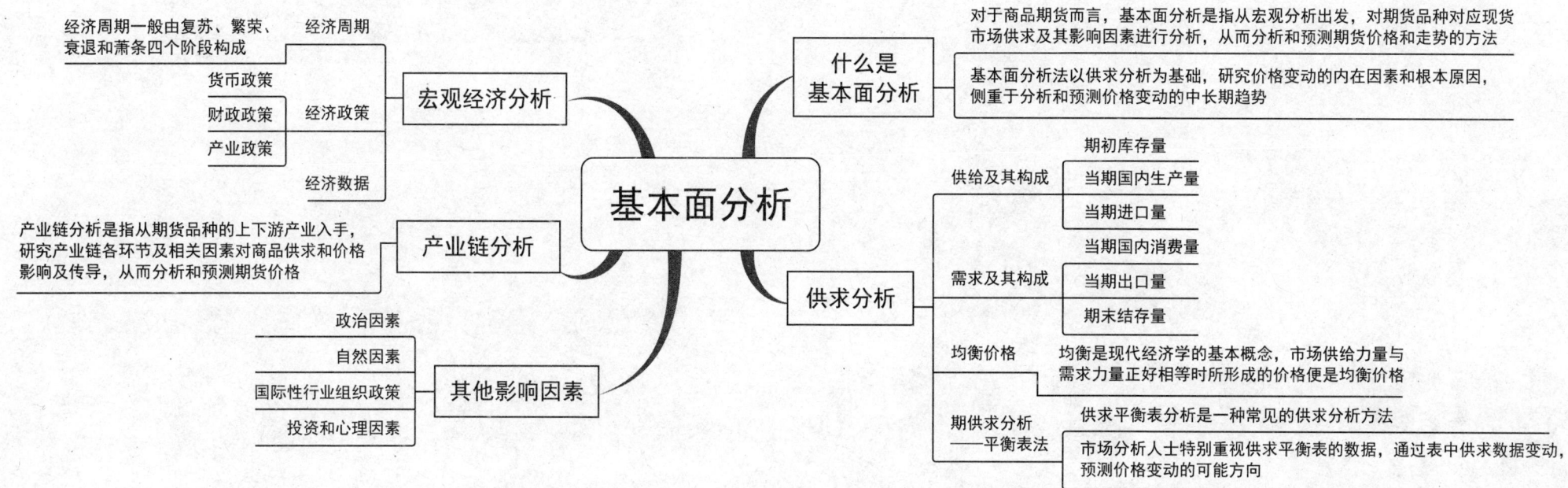

热题库使用说明

热题库设计模型：

欢迎大家使用热题库学习软件，这套软件是全国资格认证考试热题库编委会通过十余年的知识沉淀与经验积累而总结出的一套适用万千考生的学习方法。热题库中的考点和试题均由资深专业教师依据最新考试大纲要求进行编写，同时融入了历年考试真题，在保证试题质量及时效性的基础上，通过经典有效的考点挂习题形式对考点知识进行全方位覆盖，帮助考生逐一击破考试重点、难点及易错点，也因此被众多考生喻为"考试神器"。

√ 新题练习：以最新大纲要求为主线，为考生提供最新最全的应试题目。
√ 热题研习：通过对错比率来划分热度，热度越高，题目越精。
√ 熟题重温：重温做过的题目，加深对知识点的理解与应用。
√ 错题重做：对做错的题目重新作答，找到薄弱环节，逐个击破。
√ 机编模拟：按命题思路进行组卷，通过自测，把握考试重点，主攻薄弱环节。
√ 典型试卷：全国资格认证考试热题库编委会精心编排，囊括重点难点，保质保量。

纺织社热题库

1 · 主页面
热题库主页面上部分为考试科目名称、考生信息及考生学习情况，具体包括：考生头像、微信昵称、积分、新题总数、错题总数、熟题总数、勤奋/排名。
热题库主页面下部分为六大经典模块，分别是：新题练习、热题研习、熟题重温、错题重做、机编模拟、典型试卷。其中，新题练习、熟题重温、机编模拟为免费模块，热题研习、错题重做、典型试卷为收费模块。

积分：用你的积分可换取试题提问机会。
错题：警告你，你已经做错这些数量的试题。
新题：提醒你，你还有多少道试题未做。
熟题：恭喜你，你成功答对这些数量的试题。
头像：点击头像，进入个人中心，查看你的资考信息。
勤奋/排名：查看你在热题库中的江湖排名。

2
新题中的题目按章节分类，点击章进入节列表，点击节进入考点列表，点击考点进入考点学习，此模块考生可免费使用；
考点中记录详细考点内容及解析，同时记录考点学习人数，点击章、节、考点右侧按钮直接进入答题页面；
考生选择选项后点击"上一题"、"下一题"默认提交答案；点击"查看答案"选项后，将不可再次更改答案；没有选择答案却点击"查看答案"选项后，本题按做错处理；
点击查看答案后，详细展示本题正确答案，正确率，考生选择，易错选项，被答次数。

3
· 考点：点击考点进入考点详情页面进行学习，并记录考点学习人数。
· 我要提问：考生在答题过程中遇到疑难问题可以使用"我要提问"进行悬赏积分提问。
· 反馈：考生对有疑问的题目进行错误反馈，老师会在第一时间对题目进行校验。
· 笔记：在学习过程中记录重点难点题目，方便日后学习。

4 · 熟题重温
在其他模块中做对的题目都会进入"熟题重温"中，帮助考生分出已经掌握的题目，节省复习时间。

5 · 机编模拟
分为易、中、难三个梯度，考生可以结合自身对知识点掌握的熟练程度自主选择。易，模拟试卷的题目源于"熟题重温"；中，模拟试卷的题目源于"热题研习"；难，模拟试卷的题目源于"错题重做"，所有试卷都是随机生成。此模块可以帮助考生快速查缺补漏。

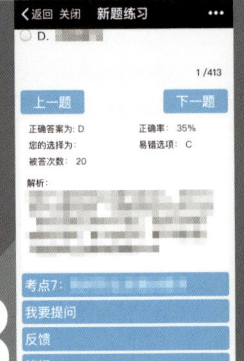

6 · 热题研习
大数据筛选，根据所有考生答题情况对每一道题目进行正确率统计，并按照正确率进行热度划分，考生可以借助他人的经验筛选题目，此模块特别适用于考试临近而又没有时间复习的考生。

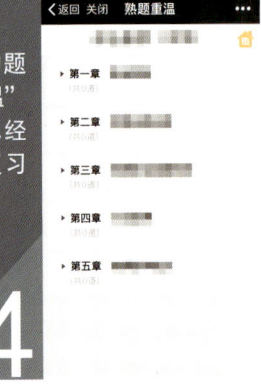

7 · 错题重做
在"新题练习"、"热题研习"、"熟题重温"中做错的题目会进入到这个模块，所有错题按照时间倒序显示，距离当前时间越久越先显示，并且同一道错题需要连续做对三次才能进入到"熟题重温"中，错题的抗遗忘曲线法帮助考生真正掌握每一个考点。

8 · 典型试卷
"典型试卷"是由全国资格认证考试热题库编委会精心编写的冲刺试卷，帮助考生在考前冲刺使用，此模块的重要性不言而喻。

9 · 个人中心
点击头像进入个人中心，在个人中心详细展示考生复习情况，根据考生学习进度及学习成果生成评估报告，并且可以根据做题量及正确率进行平台排名，促进考生学习欲望。日志、排行榜、复习进度、评估报告从不同角度记录考生学习进度，帮助考生直观地了解复习情况。对于有疑问的问题和重点问题可以选择笔记记录或者使用积分悬赏进行提问；有能力的考生也可以对其他考生的提问进行解答，赚取积分的同时增强考生之间的互动性。

10 功能
- **日志**：记录考生每天的复习情况、做题总数、错题总数、正确率，方便考生安排复习计划。
- **排行榜**：对所有参加考试的考生答题情况进行排名，知己知彼百战不殆。
- **复习进度**：把每科考试按照章节划分查漏补缺，哪里没学学哪里。
- **评估报告**：根据考生做题情况进行图表展示，让考生更直观地了解复习情况。
- **笔记题目**：重点难点问题反复学习，记录上次学习知识盲点，温故而知新。
- **我的提问**：考生对有疑问的问题进行提问，快速找到解决和学习办法。
- **我的回答**：考生之间的互动，帮助别人的同时加深自己对知识点的理解，同时赚取积分。
- **已购买的热题**：热题快速进入渠道，直接答题告别繁琐。
- **已购买的错题**：错题快速进入渠道，直接答题告别繁琐。
- **已购买的典型试卷**：典型试卷快速进入渠道，直接答题告别繁琐。

全国期货从业人员执业资格考试热题库

《期货基础知识》模拟试卷（一）

一、单项选择题（本大题共60小题。每小题0.5分，共30分。在以下各小题所给出的四个选项中，只有一个选项符合题目要求。请将正确选项的代码填入括号内）

1. 在期货交易中，根据商品的供求关系及其影响因素预测期货价格走势的分析方法为（　　）。
   A. 江恩理论　　　B. 道氏理论　　　C. 技术分析法　　　D. 基本面分析法
2. 1848年，芝加哥的82位商人发起组建了（　　）。
   A. 芝加哥期权交易所（CBOE）　　　B. 芝加哥期货交易所（CBOT）
   C. 芝加哥股票交易所（CHX）　　　D. 芝加哥商业交易所（CME）
3. 下列商品期货不属于能源期货的是（　　）期货。
   A. 动力煤　　　B. 铁矿石　　　C. 原油　　　D. 燃料油
4. 世界上最先出现的金融期货是（　　）。
   A. 利率期货　　　B. 股指期货　　　C. 外汇期货　　　D. 股票期货
5. 中长期国债的付息方式通常是在债券期满之前，按照票面利率每（　　）付一次利息。
   A. 2年　　　B. 5年　　　C. 6个月　　　D. 1个月
6. 2000年3月，香港期货交易所与（　　）完成股份制改造，并与香港中央结算有限公司合并，成立香港交易及结算所有限公司（HKEX）。
   A. 香港证券交易所　　　B. 香港商品交易所
   C. 香港联合交易所　　　D. 香港金融交易所
7. 现代意义上的期货交易起源于（　　）。
   A. 美国纽约　　　B. 美国芝加哥　　　C. 英国伦敦　　　D. 日本东京
8. 某生产商为对冲其原材料价格的大幅上涨风险，最适宜采取（　　）策略。
   A. 卖出看涨期权　　　B. 卖出看跌期权
   C. 买进看涨期权　　　D. 买进看跌期权
9. 下列关于期货的描述中，不正确的是（　　）。
   A. 期货与现货相对应，并由现货衍生而来
   B. 标的物为镍的期货合约属于能源化工期货
   C. 期货品种可以是实物商品，也可以是金融产品
   D. 期货合约包括商品期货合约、金融期货合约及其他期货合约
10. 在本质上属于现货交易，是现货交易在时间上的延伸的交易方式是（　　）。

A. 分期付款交易　　B. 即期交易　　　　C. 期货交易　　　　D. 远期交易

11. 下列关于股指期货理论价格的说法中，正确的是（　　）。
   A. 与股票指数股息率正相关　　　　B. 与市场无风险利率正相关
   C. 与股指期货有效期负相关　　　　D. 与股票指数点位负相关

12. 无下影线阴线时，实体的上边线表示（　　）。
   A. 最高价　　　B. 收盘价　　　C. 最低价　　　D. 开盘价

13. 看跌期权多头有权按执行价格在规定时间内向看跌期权空头（　　）一定数量的标的物。
   A. 卖出　　　　　　　　　　　　　B. 先买入，后卖出
   C. 买入　　　　　　　　　　　　　D. 先卖出，后买入

14. 下列不属于农产品期货中经济作物的是（　　）。
   A. 棉花　　　B. 咖啡　　　C. 可可　　　D. 小麦

15. 期货交易与远期交易相比，信用风险（　　）。
   A. 较大　　　B. 相同　　　C. 较小　　　D. 无法比较

16. 对交易者来说，期货合约唯一变量是（　　）。
   A. 交易单位　　B. 报价单位　　C. 交易价格　　D. 交割月份

17. 当看涨期货期权的卖方接受买方行权要求时，将（　　）。
   A. 以标的资产市场价格卖出期货合约　　B. 以执行价格买入期货合约
   C. 以标的资产市场价格买入期货合约　　D. 以执行价格卖出期货合约

18. 下列关于期货交易保证金的说法，错误的是（　　）。
   A. 期货交易的保证金一般为成交合约价值的20%以上
   B. 采用保证金的方式使得交易者能以少量的资金进行较大价值额的投资
   C. 采用保证金的方式使期货交易具有高收益和高风险的特点
   D. 保证金比率越低，杠杆效应就越大

19. 芝加哥商业交易所—面值为100万美元的3个月期国债期货，当成交指数为98.56时，其年贴现率是（　　）。
   A. 8.56%　　　B. 1.44%　　　C. 5.76%　　　D. 0.36%

20. 期货市场的功能是（　　）。
   A. 规避风险和获利　　　　　　　　B. 规避风险、价格发现和获利
   C. 规避风险、价格发现和资产配置　　D. 规避风险和套现

21. 截至目前，我国的期货交易所不包括（　　）。
   A. 郑州商品交易所　　　　　　　　B. 大连商品交易所
   C. 上海证券交易所　　　　　　　　D. 中国金融期货交易所

22. 某日，我国外汇交易中心的外汇牌价为100美元/630.21元人民币，这种汇率标价法是（　　）。
   A. 直接标价法　　B. 间接标价法　　C. 人民币标价法　　D. 平均标价法

23. 在期货市场发达的国家，（　　）被视为权威价格，已成为现货交易重要参考依据。
   A. 期货价格　　B. 现货价格　　C. 期权价格　　D. 远期价格

24. 一般来说，在（　　）的情况下，应该首选买进看涨期权策略。
    A. 持有标的合约，为增加持仓利润
    B. 持有标的合约，作为对冲策略
    C. 预期后市上涨，市场波动率正在扩大
    D. 预期后市下跌，市场波动率正在收窄

25. 禽流感疫情过后，家禽养殖业恢复，玉米价格上涨。某饲料公司因提前进行了套期保值，规避了玉米现货风险，这体现了期货市场的（　　）作用。
    A. 锁定生产成本　　　　　　　　B. 利用期货价格信号组织生产
    C. 锁定利润　　　　　　　　　　D. 投机盈利

26. 3个月欧洲美元期货属于（　　）。
    A. 外汇期货　　B. 长期利率期货　　C. 中期利率期货　　D. 短期利率期货

27. 期货公司设立首席风险官的目的是（　　）。
    A. 保证期货公司的财务稳健
    B. 引导期货公司合理经营
    C. 对期货公司经营管理行为的合法合规性、风险管理状况进行监督、检查
    D. 保证期货公司经营目标的实现

28. 截至2015年4月16日，中国金融期货交易所的上市品种不包括（　　）。
    A. 沪深300股指期货　　　　　　B. 上证180股指期货
    C. 5年期国债期货　　　　　　　D. 中证500股指期货

29. 套期保值交易可选取的工具不包括（　　）。
    A. 期货　　　　B. 期权　　　　C. 远期　　　　D. 黄金

30. 芝加哥商业交易所（CME）的3个月期国债期货合约采用（　　）报价法。
    A. 货币式　　　B. 百分比式　　　C. 差额式　　　D. 指数式

31. 期货市场的套期保值功能是将市场价格风险主要转移给了（　　）。
    A. 套期保值者　　B. 生产经营者　　C. 期货交易所　　D. 期货投机者

32. 在8月和12月黄金期货价格分别为256元/克、273元/克时，王某下达"卖出8月黄金期货，同时买入12月黄金期货，价差为11元/克"的限价指令，则不可能成交的价差为（　　）元/克。
    A. 11.00　　　B. 10.98　　　C. 11.10　　　D. 10.88

33. 期指理论价格（　　）之后的价位，称为无套利区间的上界。
    A. 加上交易成本　　　　　　　　B. 减去交易成本
    C. 加上交易成本的一半　　　　　D. 减去交易成本的一半

34. 我国期货合约的开盘价是在开市前（　　）分钟内经集合竞价产生的成交价格。集合竞价未产生成交价格的，以集合竞价后第一笔成交价为开盘价。
    A. 30　　　　　B. 10　　　　　C. 5　　　　　D. 1

35. 下列交易中，其盈亏状态有本质区别的是（　　）。
    A. 证券交易　　B. 期货交易　　C. 远期交易　　D. 期权交易

36. （　　）能反映未来一定时期价格的变化趋势，具有超前预期性。

A. 现货价格　　　B. 期货价格　　　C. 批发价格　　　D. 零售价格

37. （　　）是会员制期货交易所会员大会的常设机构。
    A. 董事会　　　B. 理事会　　　C. 专业委员会　　　D. 业务管理部门

38. （　　）不属于期货交易所的职能。
    A. 确定期货价格　　　　　　　B. 制定并实施期货交易规则
    C. 发布市场信息　　　　　　　D. 设计合约、安排合约上市

39. （　　）是公司制期货交易所的常设机构，并对股东大会负责，执行股东大会决议。
    A. 会员大会　　　B. 董事会　　　C. 监事会　　　D. 理事会

40. 会员制期货交易所的理事会对（　　）负责。
    A. 董事会　　　B. 监事会　　　C. 期货交易所　　　D. 会员大会

41. 目前，绝大多数国家采用的汇率标价方法是（　　）。
    A. 美元标价法　　　B. 欧元标价法　　　C. 直接标价法　　　D. 间接标价法

42. （　　）不属于期货交易所的特性。
    A. 高度集中化　　　B. 高度严密性　　　C. 高度组织化　　　D. 高度规范化

43. 我国期货交易所中采用分级结算制度的是（　　）。
    A. 中国金融期货交易所　　　　　B. 郑州商品交易所
    C. 大连商品交易所　　　　　　　D. 上海期货交易所

44. 广大投资者将资金集中起来，委托给专业的投资机构，并通过商品交易顾问进行期货和期权交易，投资者承担风险并享受投资收益的集合投资方式是（　　）。
    A. 对冲基金　　　　　　　　　B. 共同基金
    C. 对冲基金的组合基金　　　　D. 商品投资基金

45. 下列关于强行平仓的执行过程的说法中，不正确的是（　　）。
    A. 交易所以"强行平仓通知书"的形式向有关会员下达强行平仓要求
    B. 开市后，有关会员必须首先自行平仓，直至达到平仓要求，执行结果由交易所审核
    C. 超过会员自行强行平仓时限而未执行完毕的，剩余部分由交易所直接执行强行平仓
    D. 强行平仓执行完毕后，执行结果交由会员记录并存档

46. 中长期利率期货合约的标的主要为各国政府发行的中长期国债，期限在（　　）以上。
    A. 半年　　　B. 1年　　　C. 3个月　　　D. 5个月

47. 从期货交易所与结算机构的关系来看，我国期货结算机构属于（　　）。
    A. 交易所与商业银行共同组建的机构，附属于交易所但相对独立
    B. 交易所与商业银行联合组建的机构，完全独立于交易所
    C. 交易所的内部机构
    D. 独立的全国性的机构

48. 某投资者在3个月后将获得一笔资金，并希望用该笔资金进行股票投资，但是担心股市大盘上涨从而影响其投资成本，这种情况下，可采取（　　）。

A. 股指期货卖出套期保值　　　　　B. 股指期货买入套期保值
C. 股指期货和股票期货套利　　　　D. 股指期货的跨期套利

49. 中国金融期货交易所为了与其分级结算制度相对应，配套采取（　　）。
    A. 当日结算制　　　　　　　　　B. 结算担保制
    C. 结算担保金制度　　　　　　　D. 会员结算制

50. 目前，我国上海期货交易所采用的实物交割方式为（　　）。
    A. 集中交割方式　　　　　　　　B. 现金交割方式
    C. 滚动交割方式　　　　　　　　D. 滚动交割和集中交割相结合

51. 期货交易所实行（　　），应当在当日及时将结算结果通知会员。
    A. 涨跌停板制度　　　　　　　　B. 保证金制度
    C. 当日无负债结算制度　　　　　D. 持仓限额制度

52. 当期货交易成交之后，买卖双方缴纳一定的保证金，（　　）就承担起保证每笔交易按期履约的责任。
    A. 期货交易所　　B. 结算机构　　C. 监事会　　D. 期货经纪机构

53. 由于期货结算机构的担保履约作用，结算会员及其客户可以随时对冲合约而不必征得原始对手的同意，使得期货交易的（　　）方式得以实施。
    A. 实物交割　　B. 现金结算交割　　C. 对冲平仓　　D. 套利投机

54. 当股指期货价格被高估时，交易者可以通过（　　），进行正向套利。
    A. 卖出股指期货，买入对应的现货股票
    B. 卖出对应的现货股票，买入股指期货
    C. 同时买进现货股票和股指期货
    D. 同时卖出现货股票和股指期货

55. （　　）能同时锁定现货市场和期货市场风险，节约期货交割成本并解决违约问题。
    A. 平仓后购销现货　　　　　　　B. 远期交易
    C. 期转现交易　　　　　　　　　D. 期货交易

56. 在我国期货公司中，对期货公司经营管理行为的合法合规性进行审查、稽核的部门是（　　）。
    A. 结算部门　　B. 合规部门　　C. 财务部门　　D. 交易部门

57. 期货公司对其营业部不需（　　）。
    A. 统一风险管理　　　　　　　　B. 统一结算
    C. 统一财务管理及会计核算　　　D. 统一客户开发

58. 期货合约是由（　　）统一制定的。
    A. 期货交易所　　B. 期货公司　　C. 期货业协会　　D. 证监会

59. （　　）是某一特定地点某种商品或资产的现货价格与相同商品或资产的某一特定期货合约价格间的价差。
    A. 保值额　　B. 利率差　　C. 盈亏额　　D. 基差

60. 在期权交易中，买入看涨期权时最大的损失是（　　）。
    A. 零　　　　　　　　　　　　　B. 无穷大

C. 权利金 D. 标的资产的市场价格

二、多项选择题（本大题共 40 小题，每小题 1 分。共 40 分。在以下各小题所给出的四个选项中。至少有两个选项符合题目要求，请将正确选项的代码填入括号内）

1. 期货价格具有（　　）等特点。
   A. 预期性　　　　B. 连续性　　　　C. 权威性　　　　D. 公开性
2. 下列选项中，属于利率期货的有（　　）。
   A. 3 个月欧洲美元期货　　　　　B. 3 个月欧洲银行间欧元拆借利率期货
   C. 标准普尔 500 指数期货　　　　D. 中国香港恒生指数期货
3. 下列属于金融期货的有（　　）。
   A. 黄金期货　　B. 股指期货　　C. 外汇期货　　D. 利率期货
4. （　　）为商品市场本期供给量的重要组成部分，并对期货价格产生影响。
   A. 期初库存量　　　　　　　　B. 当期国内生产量
   C. 当期进口量　　　　　　　　D. 当期出口量
5. 上海期货交易所的期货交易品种有（　　）。
   A. 铜　　　　　B. 黄大豆　　　　C. 白糖　　　　D. 天然橡胶
6. 下列对中国期货保证金监控中心描述正确的有（　　）。
   A. 是营利性公司制法人　　　　　B. 是期货保证金安全存管机构
   C. 经发改委同意、中国证监会设立　D. 有效降低保证金被挪用的风险
7. 下列关于外汇期货卖出套期保值的说法中，正确的有（　　）。
   A. 持有外汇资产者，担心未来货币贬值，可以采取卖出套期保值
   B. 持有外汇资产者，担心未来货币升值，可以采取卖出套期保值
   C. 套期保值的操作实质是为现货外汇资产"锁定汇价"，消除或减少外汇受汇率上下波动的影响
   D. 出口商和从事国际业务的银行预计未来某一时间将会得到一笔外汇，为了避免外汇汇率下跌造成损失，可以采取卖出套期保值
8. 指定交割仓库的日常业务分为（　　）阶段。
   A. 商品入库　　B. 商品保管　　C. 商品出库　　D. 商品生产
9. 期货交易之所以具有发现价格的功能，是因为（　　）。
   A. 期货交易所参与期货价格的形成，使期货价格具有权威性
   B. 期货交易形成的价格具有一定的预期性
   C. 期货交易公开透明，有助于形成公正的价格
   D. 参与者众多，有助于公平价格的形成
10. 期货公司具有的职能有（　　）。
    A. 根据客户指令代理买卖期货合约，办理结算和交割手续
    B. 对客户账户进行管理，控制客户交易风险
    C. 为客户提供期货市场信息

D. 进行期货交易咨询，充当客户的交易顾问

11. 关于股指期货理论价格相关的假设条件，下列描述中正确的有（　　）。
    A. 暂不考虑交易费用，期货交易所需占用的保证金以及可能发生的追加保证金也暂时忽略
    B. 期、现两个市场都有足够的流动性，使得交易者可以在当前价位上成交
    C. 融券以及卖空极易进行，且卖空所得资金随即可以使用
    D. 融券以及卖空极难进行，且卖空所得资金暂时不可以使用

12. 我国期货客户采用的下单方式包括（　　）。
    A. 口头下单　　B. 电话下单　　C. 书面下单　　D. 互联网下单

13. 套期保值可以（　　）风险。
    A. 回避　　　　B. 消灭　　　　C. 分散　　　　D. 转移

14. 郑州商品交易所的期货交易指令包括（　　）。
    A. 限价指令　　B. 市价指令　　C. 跨期套利指令　　D. 止损指令

15. 会员制期货交易所一般设有（　　）。
    A. 会员大会　　B. 专业委员会　　C. 理事会　　D. 董事会

16. 套利交易中模拟误差产生的原因有（　　）。
    A. 组成指数的成分股太多　　　　B. 短时期内买进卖出太多股票有困难
    C. 准确模拟将使交易成本大大增加　　D. 股市买卖有最小单位的限制

17. 下列关于期货交易所性质的表述，正确的有（　　）。
    A. 期货交易所拥有合约标的商品
    B. 期货交易所不参与期货价格形成
    C. 期货交易所自身不参与期货交易活动
    D. 期货交易所提供交易的场所、设施和服务

18. 场外期权的特点包括（　　）。
    A. 交易品种单一　　　　B. 合约非标准化
    C. 交易对手机构化　　　D. 流动性风险大

19. 按照期货交易相关规定，标准仓单生效后，可用于（　　）。
    A. 转让　　　　B. 提货　　　　C. 交割　　　　D. 质押

20. 某交易者以1750元/吨卖出8手玉米期货合约后，符合金字塔式增仓原则的有（　　）。
    A. 该合约价格涨到1770元/吨时，再卖出6手
    B. 该合约价格跌到1740元/吨时，再卖出8手
    C. 该合约价格跌到1700元/吨时，再卖出4手
    D. 该合约价格跌到1720元/吨时，再卖出6手

21. 在我国，（　　）实行全员结算制度，交易所对所有会员的账户进行结算，收取和追收保证金。
    A. 郑州商品交易所　　　　B. 大连商品交易所
    C. 上海期货交易所　　　　D. 中国金融期货交易所

22. 期货公司在接受客户开户申请时，必须向客户提供"期货交易风险说明书"，客户应仔细阅读并理解。以下说法正确的是（　　）。
    A. 单位客户应在该"期货交易风险说明书"上签字并加盖单位公章，可以由单位法定代表人授权他人签字
    B. 单位客户应在该"期货交易风险说明书"上签字并加盖单位公章，可以由单位法定代表人签字
    C. 个人客户可授权他人在该"期货交易风险说明书"上签字
    D. 个人客户应亲自在该"期货交易风险说明书"上签字

23. 每日价格最大波动限制的确定主要取决于标的物市场价格波动的（　　）。
    A. 频繁程度　　　B. 波幅的大小　　　C. 最小变动价位　　　D. 时间

24. 要实现"风险对冲"，在套期保值中应满足的条件包括（　　）。
    A. 期货品种及合约数量的确定应保证期货与现货头寸的价值变动大体相当
    B. 期货头寸应与现货头寸相反
    C. 期货头寸作为现货市场未来要进行的交易的替代物
    D. 期货头寸持有的时间段要与现货市场承担风险的时间段对应起来

25. 下列关于国内期货保证金存管银行的表述中，正确的有（　　）。
    A. 交易所可对存管银行的期货结算业务进行监督
    B. 是由交易所指定、协助交易所办理期货结算业务的银行
    C. 是负责交易所期货交易的统一结算、保证金管理等业务的机构
    D. 是我国期货市场保证金封闭运行的必要环节

26. 在美国期货市场，商品投资基金行业中的参与者包括（　　）。
    A. 期货佣金商（FCM）　　　　　　B. 商品交易顾问（CTA）
    C. 交易经理（TM）　　　　　　　D. 商品基金经理（CPO）

27. 期货买卖双方进行期转现交易的情形包括（　　）。
    A. 在期货市场有反向持仓双方，拟用标准仓单或标准仓单以外的货物进行期转现
    B. 建仓时机和价格分别由双方根据市况自行决定
    C. 相当于通过期货市场签订一个即期合同
    D. 买卖双方为现货市场的贸易伙伴，有远期交货意向，并希望远期交货价格稳定

28. 下列关于短期国债与中长期国债的付息方式的说法中，正确的是（　　）。
    A. 中长期国债通常采用贴现方式发行，到期按照面值兑付
    B. 短期国债通常采用贴现方式发行，到期按照面值兑付
    C. 中长期国债通常为分期付息的债券
    D. 短期国债通常为分期付息的债券

29. 某交易者以1450元/吨买入1手菜粕期货合约，成交后该合约价格上涨到1470元/吨。因预测价格仍将上涨，交易者决定继续持有该合约，并借助止损指令控制风险。该止损指令设定的价格可能为（　　）元/吨。
    A. 1460　　　　B. 1470　　　　C. 1458　　　　D. 1490

30. 下列关于期转现交易的优越性的说法中，正确的有（　　）。

A. 加工企业和生产经营企业利用期转现可以节约期货交割成本
B. 比"平仓后购销现货"更便捷
C. 可以灵活商定交货品级、地点和方式
D. 比远期合同交易和期货实物交割更有利

30. 关于期货合约描述正确的是（   ）。
    A. 合约条款由买卖双方协商确定
    B. 合约条款中规定了合约的最后交易日
    C. 合约条款标准化
    D. 合约转让无须背书

31. 4月1日，股票指数为1500点，市场利率为5%，股息率为1%，期现套利交易成本总计为15点，则3个月后到期的该指数期货合约（   ）。
    A. 理论价格为1515点
    B. 价格在1530点以上存在正向套利机会
    C. 价格在1530点以下存在正向套利机会
    D. 价格在1500点以下存在反向套利机会

32. 套利者一般是利用不同交割月份、不同期货市场和不同商品之间的价差进行套利，期货套利可相应地分为（   ）。
    A. 跨期套利　　B. 跨品种套利　　C. 跨行业套利　　D. 跨市套利

33. 一般而言，在选择期货合约的标的时，需要考虑的条件包括（   ）等。
    A. 价格波动幅度不太频繁
    B. 有机构大户稳定市场
    C. 规格或质量易于量化和评级
    D. 供应量较大，不易为少数人控制和垄断

34. 下列关于绘制K线图规则的说法中，正确的有（   ）。
    A. K线最上方的一条细线称为上影线
    B. K线下方的一条细线为下影线
    C. 当日收盘价低于开盘价，K线中部的实体一般用红色表示
    D. 当日收盘价高于开盘价，K线中部的实体一般用绿色表示

35. 在我国，针对商品期货合约限仓方面的规定有（   ）。
    A. 对进入交割月份的合约限仓数额从严控制
    B. 对进入交割月份的合约限仓数额从宽控制
    C. 合约在交易过程中的不同阶段，适用不同的限仓数额
    D. 合约在交易过程中的不同阶段，适用相同的限仓数额

36. 当标的资产的市场价格（   ）时，对看跌期权多头有利。
    A. 上涨　　　　B. 下跌　　　　C. 波动幅度变小　　D. 波动幅度变大

37. 确定商品期货合约交易单位的大小，主要应当考虑（   ）。
    A. 合约标的物的市场规模　　　　B. 交易者的资金规模
    C. 期货交易所大小　　　　　　　D. 该商品现货交易习惯

38. 期货投资者预期市场利率上升，其合理的判断和操作策略有（　　）。
　　A. 债券价格将上涨　　　　　　　　B. 债券价格将下跌
　　C. 适宜选择多头策略　　　　　　　D. 适宜选择空头策略
39. 在我国，已上市能源化工类期货品种的交易所有（　　）。
　　A. 中国金融期货交易所　　　　　　B. 大连商品交易所
　　C. 郑州商品交易所　　　　　　　　D. 上海期货交易所
40. 关于期货合约最小变动值，以下表述正确的是（　　）。
　　A. 股指期货每手合约的最小变动值＝最小变动价位×合约价值
　　B. 商品期货每手合约的最小变动值＝最小变动价位×报价单位
　　C. 股指期货每手合约的最小变动值＝最小变动价位×合约乘数
　　D. 商品期货每手合约的最小变动值＝最小变动价位×交易单位

三、判断题（本大题共20小题。每小题0.5分，共10分。请判断以下各小题的正误。正确的填写 A，错误的填写 B）

1. 基差是某一特定地点某种商品或资产的现货价格与相同商品或资产的某一特定期货合约价格间的价差。（　　）
2. 投机者进行期货交易，总是力图通过对未来价格的正确判断和预测赚取价差利润。（　　）
3. 一般认为，期货交易最早萌芽于欧洲。（　　）
4. 双向交易是指期货交易者既可以买入建仓（或称开仓），即通过买入期货合约开始交易，也可以卖出建仓，即通过卖出期货合约开始交易。（　　）
5. 会员制期货交易所首先适用公司法的规定，只有在公司法未作规定的情况下，才适用民法的一般规定。（　　）
6. 中国期货业协会成立，标志着中国期货行业自律组织的诞生。（　　）
7. 期货合约的具体内容根据交易双方协定确定。（　　）
8. 在交易中，投机者根据对未来价格变动的预测确定其交易头寸。投机者卖出期货合约，持有多头头寸，被称为多头投机者。投机者买进期货合约，持有空头头寸，被称为空头投机者。（　　）
9. 期货公司作为交易者与期货交易所之间的桥梁和纽带，属于银行金融服务机构。（　　）
10. 保证金制度是指在期货交易中，任何交易者必须按照其所买卖期货合约价值的一定比率（通常为20%~30%）缴纳资金，用于结算和保证履约。（　　）
11. 期货市场是一个高度组织化的市场，因此，不允许没有实物的交易者卖出期货合约。（　　）
12. 结算价是指当天交易结束后，对未平仓合约进行当日交易保证金及当日盈亏结算的基准价。（　　）
13. 期货交易合约和远期交易合约都属于远期合约，但存在标准化与非标准化的区别。（　　）

14. 外汇期货套利形式与商品期货套利形式不同,可分为跨市套利、跨期套利和跨币种套利三种类型。（   ）

15. 在期货交易中,允许当日出现负债结算,但负债的额度有限制。（   ）

16. 中国金融期货交易所没有采用限价指令。（   ）

17. 在紧缩性的货币政策下,取得信贷资金较为困难,市场利率也随之下降。（   ）

18. 买卖双方通过交易所进行标准仓单与货款交换。买方通过其会员期货公司、交易所将货款交给卖方,而卖方则通过其会员期货公司、交易所将标准仓单交付给买方。（   ）

19. 价格发现是期货市场所特有的。（   ）

20. 所有在期货交易所达成的交易及其价格都只能在会员内部进行通报。（   ）

四、综合题（本大题共 20 小题,每小题 1 分,共 20 分。在以下各小题所给出的四个选项中。只有一个选项符合题目要求,请将正确选项的代码填入括号内）

1. 2013 年 4 月 9 日,某客户的逐笔对冲结算单中,上日结存为 250000 元,成交记录如下表:

成交日期	品种	交割期	买卖	成交价	手数	开平
20130409	菜粕	1309	买	2350	100	开
20130409	菜粕	1309	买	2348	100	平

其平仓单对应的是该客户于 2013 年 4 月 8 以 2340 元/吨开仓的卖单,4 月 9 日,持仓汇总的部分数据情况如下表:

品种	交割期	买持	买均价	昨结算	今结算
菜粕	1309	100	2350	2345	2355

若期货公司要求的交易保证金比例为 10%,出入金为 0,菜粕的交易单位是 10 吨/手,不考虑交易手续费。该投资者可用资金为（   ）元。

A. 6500   B. 11500   C. 12000   D. 7000

2. 6 月 10 日,王某期货账户中持有 FU1512 空头合约 100 手,每手 50 吨。合约当日出现跌停单边市,当日结算价为 3100 元/吨,王某的客户权益为 1963000 元。王某所在期货公司的保证金比率为 12%。FU 是上海期货交易所燃油期货合约的交易代码,交易单位为 50 吨/手。那么王某的持仓风险度为（   ）。

A. 18.95%   B. 94.75%   C. 105.24%   D. 82.05%

3. 在大豆期货市场上,甲公司为买方,开仓价格为 4200 元/吨,乙公司为卖方,开仓价格为 4400 元/吨,双方达成协议进行期转现交易,商定的协议平仓价格为 4360 元/吨,交收大豆价格为 4310 元/吨。当交割成本为（   ）元/吨时,期转现交易对双方都有利。（不计期货交易手续费）

A. 20   B. 80   C. 30   D. 40

4. 某日,郑州商品交易所白糖期货价格为 5440 元/吨,南宁同品级现货白糖价格为 5740 元/吨,若将白糖从南宁运到指定交割库的所有费用总和为 160～190 元/吨。则

该日白糖期现套利的盈利空间为（　　）。（不考虑交易费用）

A. 30~110元/吨　　B. 110~140元/吨　　C. 140~300元/吨　　D. 30~300元/吨

5. 某日我国3月份豆粕期货合约的结算价为2997元/吨，收盘价为2968元/吨，若豆粕期货合约的每日价格最大波动限制为±4%，下一交易日该豆粕期货合约的涨停板为（　　）元/吨。

A. 3117　　　　B. 3116　　　　C. 3087　　　　D. 3086

6. 1月中旬，某食糖购销企业与某食品厂签订购销合同，按照当时该地的现货价格3600元/吨在2个月后向该食品厂交付2000吨白糖。该食糖购销企业经过市场调研，认为白糖价格会上涨。为了避免两个月后履行购销合同采购白糖的成本上升，该企业买入5月份交割的白糖期货合约200手（10吨/手），成交价为4350元/吨。春节过后，白糖价格果然开始上涨，至3月中旬，白糖现货价格已达4150元/吨，期货价格也升至4780元/吨。该企业在现货市场采购白糖交货，与此同时将期货市场多头头寸平仓，结束套期保值。该食糖购销企业套期保值结束后，共实现（　　）。

A. 净损失200000元　　　　　　B. 净损失240000元
C. 净盈利240000元　　　　　　D. 净盈利200000元

7. 7月11日，某供铝厂与某铝贸易商签订合约，约定以9月份铝期货合约为基准，以低于铝期货价格150元/吨的价格交收。同时该供铝厂进行套期保值，以16600元/吨的价格卖出9月份铝期货合约。此时铝现货价格为16350元/吨。8月中旬，该供铝厂实施点价，以14800元/吨的期货价格作为基准价，进行实物交收。同时按该价格将期货合约对冲平仓。此时铝现货价格为14600元/吨。则该供铝厂的交易结果是（　　）。（不计手续费等费用）

A. 基差走弱100元/吨，不完全套期保值，且有净亏损

B. 与铝贸易商实物交收的价格为14450元/吨

C. 对供铝厂来说，结束套期保值交易时的基差为-200元/吨

D. 通过套期保值操作，铝的实际售价为16450元/吨

8. 某套利者在黄金期货市场上以962美元/盎司的价格买入一份11月份的黄金期货，同时以951美元/盎司的价格卖出7月份的黄金期货合约。持有一段时间之后，该套利者以953美元/盎司的价格将11月份合约卖出平仓，同时以947美元/盎司的价格将7月份合约买入平仓，则该套利交易的盈亏结果为（　　）。

A. 9美元/盎司　　B. -9美元/盎司　　C. 5美元/盎司　　D. -5美元/盎司

9. 在菜粕期货市场上，甲为菜粕合约的买方，开仓价格为2100元/吨，乙为菜粕合约的卖方，开仓价格为2300元/吨。甲乙双方进行期转现交易，双方商定的平仓价为2260元/吨，商定的交收菜粕交割价比平仓价低30元/吨。期转现后，甲实际购入菜粕的价格为＿＿＿＿元/吨，乙实际销售菜粕价格为＿＿＿＿元/吨。（　　）

A. 2100；2300　　B. 2050；2280　　C. 2230；2230　　D. 2070；2270

10. 棉花期货的多空双方进行期转现交易。多头开仓价格为30210元/吨，空头开仓价格为30630元/吨，已知进行期转现交易，空头可节约交割成本140元/吨。进行期转现交易对买卖双方都有利的情形是（　　）。

A. 协议平仓价格为30550元/吨，交收价格为30400元/吨
B. 协议平仓价格为30300元/吨，交收价格为30400元/吨
C. 协议平仓价格为30480元/吨，交收价格为30400元/吨
D. 协议平仓价格为30210元/吨，交收价格为30220元/吨

11. 某股票当前价格为63.95港元，下列以该股票为标的期权中内涵价值最低的是（　　）。
    A. 执行价格为64.50港元，权利金为1.00港元的看跌期权
    B. 执行价格为67.50港元，权利金为0.81港元的看跌期权
    C. 执行价格为67.50港元，权利金为6.48港元的看跌期权
    D. 执行价格为60.00港元，权利金为4.53港元的看跌期权

12. 某交易者卖出执行价格为540美元/蒲式耳的小麦看涨期权，权利金为35美元/蒲式耳，则该交易者卖出的看涨期权的损益平衡点为（　　）美元/蒲式耳。（不考虑交易费用）
    A. 520　　　　B. 540　　　　C. 575　　　　D. 585

13. 某投机者在6月份以180点的权利金买入一张9月份到期、执行价格为13000点的股票指数看涨期权，同时他又以100点的权利金买入一张9月份到期、执行价格为12500点的同一指数看跌期权。从理论上讲，该投机者的最大亏损为（　　）。
    A. 80点　　　　B. 100点　　　　C. 180点　　　　D. 280点

14. 某投机者买入两张9月份到期的日元期货合约，每张金额为12500000日元，成交价为0.006835美元/日元，半个月后，该投机者将两张合约卖出对冲平仓，成交价为0.007030美元/日元。该笔投机的结果是（　　）。
    A. 亏损4875美元　　　　B. 盈利4875美元
    C. 盈利1560美元　　　　D. 亏损1560美元

15. 某美国投资者发现欧元的利率高于美元利率，于是他决定购买100万欧元以获高息，计划投资3个月，但又担心在这期间欧元对美元贬值。为避免欧元汇价贬值的风险，该投资者利用芝加哥商业交易所外汇期货市场进行空头套期保值，每手欧元期货合约为12.5万欧元。3月1日，外汇即期市场上以EUR/USD=1.3432购买100万欧元，在期货市场上卖出欧元期货合约的成交价为EUR/USD=1.3450。6月1日，欧元即期汇率为EUR/USD=即期汇率为EUR/USD=1.2120，期货市场上以成交价格EUR/USD=1.2101买入对冲平仓，则该投资者（　　）。
    A. 盈利37000美元　　　　B. 亏损37000美元
    C. 盈利3700美元　　　　D. 亏损3700美元

16. 6月10日，国际货币市场6月期瑞士法郎的期货价格为0.8764美元/瑞士法郎，6月期欧元的期货价格为1.2106美元/欧元。某套利者预计6月20日瑞士法郎对欧元的汇率将上升，在国际货币市场买入100手6月期瑞士法郎期货合约，同时卖出72手6月期欧元期货合约。6月20日，瑞士法郎对欧元的汇率由0.72上升为0.73，该交易套利者分别以0.9066美元/瑞士法郎和1.2390美元/欧元的价格对冲手中合约，则套利的结果为（　　）。

A. 盈利 120900 美元　　　　　　　　B. 盈利 110900 美元
C. 盈利 121900 美元　　　　　　　　D. 盈利 111900 美元

17. 美国在 2007 年 2 月 15 日发行了到期日为 2017 年 2 月 15 日的国债，面值为 10 万美元，票面利率为 4.5%。如果芝加哥期货交易所某国债期货（2009 年 6 月到期，期限为 10 年）的卖方用该国债进行交割，转换因子为 0.9105，假定 10 年期国债期货 2009 年 6 月合约交割价为 125～160，该国债期货合约买方必须付出（　　）美元。
A. 116517.75　　B. 115955.25　　C. 115767.75　　D. 114267.75

18. 假设年利率为 6%，年指数股息率为 1%，6 月 30 日为 6 月股指期货合约的交割日。4 月 1 日，股票现货指数为 1450 点，如不考虑交易成本，其 6 月股指期货合约的理论价格为（　　）点。（小数点后保留两位）
A. 1468.13　　B. 1486.47　　C. 1457.03　　D. 1537.00

19. 投资者利用股指期货对其持有的价值为 3000 万元的股票组合进行套期保值，该组合的 β 系数为 1.2。当期货指数为 1000 点，合约乘数为 100 元时，他应该（　　）手股指期货合约。
A. 卖出 300　　B. 卖出 360　　C. 买入 300　　D. 买入 360

20. 标准普尔 500 指数期货合约的最小变动价位为 0.01 个指数点，或者 2.50 美元。4 月 20 日，某投机者在 CME 买入 10 张 9 月份标准普尔 500 指数期货合约，成交价为 1300 点，同时卖出 10 张 12 月份标准普尔 500 指数期货合约，价格为 1280 点。如果 5 月 20 日 9 月份期货合约的价位是 1290 点，而 12 月份期货合约的价位是 1260 点，该交易者以这两个价位同时将两份合约平仓，则其净损益是（　　）美元。
A. 亏损 75000　　B. 亏损 25000　　C. 盈利 25000　　D. 盈利 75000

模拟试卷（一）参考答案及解析

一、单项选择题

1.【答案】　D

【解析】对于商品期货而言，基本面分析法根据商品的产量、消费量和库存量（或者供需缺口），即通过分析期货商品的供求状况及其影响因素，来解释和预测期货价格走势的方法。

2.【答案】　B

【解析】随着谷物远期现货交易的不断发展，1848 年 82 位粮食商人在芝加哥发起组建了世界上第一家较为规范的期货交易所——芝加哥期货交易所（CBOT）。

3.【答案】　B

【解析】商品期货分为农产品期货、金属期货和能源化工期货。ACD 三项均为能源期货。铁矿石是生产钢铁的重要原材料，不是能源。

4.【答案】　C

【解析】1972 年 5 月，芝加哥商业交易所设立了国际货币市场分部，首次推出包括英镑、加元、西德马克、法国法郎、日元和瑞士法郎等在内的外汇期货合约。故本题选 C 项。

5. 【答案】 C

【解析】中长期国债通常是附有息票的附息国债，附息国债的付息方式是在债券期满之前，按照票面利率每半年（或每年、每季度）付息一次，最后一笔利息在期满之日与本金一起偿付。

6. 【答案】 C

【解析】2000年3月，香港联合交易所与香港期货交易所完成股份化改造，并与香港中央结算有限公司合并，成立香港交易及结算所有限公司（HKEX），于2000年6月以引入形式在香港交易所上市。

7. 【答案】 B

【解析】规范的现代期货市场在19世纪中期产生于美国芝加哥。随着交易规则和制度的不断健全和完善，交易方式和市场形态发生了质的飞跃。标准化合约、保证金制度、对冲机制和统一结算的实施，标志着现代期货市场的确立。

8. 【答案】 C

【解析】看涨期权是指期权的买方向卖方支付一定数额的期权费后，便拥有了在合约有效期内或特定时间，按执行价格向期权卖方买入一定数量标的物的权利，但不负有必须买进的义务。看涨期权买方预期标的物市场价格上涨而买入买权。标的物市场价格上涨越多，买方行权可能性越大，行权买入标的物后获取收益的可能性越大、获利可能越多。

9. 【答案】 B

【解析】镍是一种商品，首先属于商品期货，其次，镍是一种金属，而商品期货分为农产品期货、金属期货和能源化工期货，所以，又属于金属期货。

10. 【答案】 D

【解析】远期交易是指买卖双方签订远期合同，规定在未来某一时间进行实物商品交收的一种交易方式。远期交易在本质上属于现货交易，是现货交易在时间上的延伸。

11. 【答案】 B

【解析】股指期货理论价格的计算公式可表示为：$F(t, T) = S(t) + S(t) \cdot (r-d) \cdot (T-t)/365 = S(t)[1 + (r-d) \cdot (T-t)/365]$。其中，$t$为所需计算的各项内容的时间变量；$T$代表交割时间；$T-t$就是$t$时刻至交割时的时间长度，通常以天为计算单位，而如果用1年的365天去除，$(T-t)/365$的单位显然就是年了；$S(t)$为t时刻的现货指数；$F(t, T)$表示T时交割的期货合约在t时的理论价格（以指数表示）；r为年利息率；d为年指数股息率。由以上公式可知，本题选B项。

12. 【答案】 D

【解析】当收盘价低于开盘价时，形成的K线为阴线，中部的实体一般用绿色或黑色表示。其中，上影线的长度表示最高价和开盘价之间的价差，实体的长短代表开盘价与收盘价之间的价差，下影线的长度则代表收盘价和最低价之间的差距。

13. 【答案】 A

【解析】看跌期权是指期权的买方向卖方支付一定数额的期权费后，便拥有了在合约有效期内或特定时间，按执行价格向期权卖方出售一定数量标的物的权利，但不负有必须出售的义务。

14. 【答案】 D

【解析】在农产品期货中,小麦属于谷物,棉花、咖啡、可可属于经济作物。

15. 【答案】 C

【解析】与远期交易相比,在期货交易中,以保证金制度为基础,实行当日无负债结算制度,每日进行结算,信用风险较小。

16. 【答案】

【解析】期货交易的对象是交易所统一制定的标准化期货合约,期货合约的商品品种、数量、质量、等级、交货时间、交货地点等条款都是既定的,是标准化的,唯一的变量是价格,交易双方不用再为合约条款进行逐一商谈。

17. 【答案】 D

【解析】看涨期权是指期权的买方向卖方支付一定数额的期权费后,便拥有了在合约有效期内或特定时间,按执行价格向期权卖方买入一定数量标的物的权利,但不负有必须买进的义务。

18. 【答案】 A

【解析】期货交易实行保证金制度。交易者在买卖期货合约时按合约价值的一定比率缴纳保证金(一般为5%~15%)作为履约保证,即可进行数倍于保证金的交易。这种以小博大的保证金交易,也被称为"杠杆交易"。期货交易的这一特征使期货交易具有高收益和高风险的特点。保证金比率越低,杠杆效应就越大,高收益和高风险的特点就越明显。

19. 【答案】 B

【解析】短期利率期货的报价采用"用100减去不带百分号的年利率报价"的形式。故该国债的年贴现率为:$(100-98.56) \div 100 \times 100\% = 1.44\%$。

20. 【答案】 C

【解析】规避风险、价格发现和资产配置是期货市场的功能。

21. 【答案】 C

【解析】我国现在共有四家期货交易所,分别是中国金融期货交易所、上海期货交易所、大连商品交易所和郑州商品交易所。

22. 【答案】 A

【解析】直接标价法,是指以本币表示外币的价格,即以一定单位(1、100或1000个单位)的外国货币作为标准,折算为一定数额本国货币的标价方法。

23. 【答案】 A

【解析】由于期货价格真实地反映供求及价格变动趋势,具有较强的预期性、连续性和公开性,所以在期货交易发达的国家,期货价格被视为一种权威价格,成为现货交易的重要参考依据,也是国际贸易者研究世界市场行情的依据。

24. 【答案】 C

【解析】买进看涨期权适用的市场环境:标的物市场处于牛市,或预期后市看涨,或认为市场已经见底。在上述市场环境下,标的物市场价格大幅波动或预期波动率提高对看涨期权买方更为有利。

25. 【答案】 A

【解析】期货市场在微观经济中的作用有以下几点：①锁定生产成本，实现预期利润。利用期货市场进行套期保值，可以帮助生产经营者规避现货市场的价格风险．达到锁定生产成本、实现预期利润的目的，避免企业生产活动受到价格波动的干扰，保证生产活动的平稳进行。②利用期货价格信号，组织安排现货生产。③期货市场拓展现货销售和采购渠道。

26.【答案】 D

【解析】3个月欧洲美元期货的标的物是期限为3个月期的欧洲美元定期存单，因此属于短期利率期货。

27.【答案】 C

【解析】在期货公司中设立首席风险官，主要是对期货公司经营管理行为的合法合规性、风险管理进行监督、检查。

28.【答案】 B

【解析】截至2015年4月16日，中国金融期货交易所的上市品种包括沪深300股指期货、5年期国债期货、10年期国债期货、上证50股指期货和中证500股指期货。

29.【答案】 D

【解析】套期保值交易选取的工具是比较广的，主要有期货、期权、远期、互换等衍生工具。

30.【答案】 D

【解析】短期利率期货合约采用指数式报价。芝加哥商业交易所（CME）的3个月期国债期货合约属于短期利率期货合约。

31.【答案】 D

【解析】生产经营者通过套期保值来规避风险，但套期保值并不是消灭风险，只是将其转移，转移出去的风险需要有相应的承担者，期货投机者正是期货市场的风险承担者。

32.【答案】 C

【解析】由于256元/克＜273元/克，故王某卖出8月黄金期货，同时买入12月黄金期货（价格较高）的行为属于买入套利，买入套利价差扩大才能盈利，所以建仓时价差越小越好，而王某下达的限价指令为价差11元/克，所以小于或等于11元/克的价差都可能被执行。

33.【答案】 A

【解析】将期指理论价格上移一个交易成本之后的价位称为"无套利区间的上界"，将期指理论价格下移一个交易成本之后的价位称为"无套利区间的下界"。

34.【答案】 C

【解析】开盘价是当日某一期货合约交易开始前5分钟集合竞价产生的成交价。如集合竞价未产生成交价，则以集合竞价后第一笔成交价为开盘价。

35.【答案】 D

【解析】期权具有独特的非线性损益结构的特点，其盈亏状态为非线性。与证券交易、期货交易等线性的盈亏状态有本质区别。

36.【答案】 B

【解析】期货价格具有对未来供求关系及其价格变化趋势进行预期的功能。

37.【答案】 B

【解析】理事会是会员制期货交易所会员大会的常设机构，对会员大会负责，执行会员大会决议。

38.【答案】 A

【解析】期货交易所通常具有以下5个重要职能：①提供交易的场所、设施和服务；②设计合约、安排合约上市；③制定并实施期货市场制度与交易规则；④组织并监督期货交易，监控市场风险；⑤发布市场信息。

39.【答案】 B

【解析】董事会是公司制期货交易所的常设机构，行使股东大会授予的权力，对股东大会负责，执行股东大会决议。

40.【答案】 D

【解析】会员制期货交易所一般设有会员大会、理事会、专业委员会和业务管理部门。其中，理事会是会员大会的常设机构，对会员大会负责，执行会员大会决议。

41.【答案】 C

【解析】直接标价法是目前包括中国在内的世界上绝大多数国家采用的汇率标价方法。

42.【答案】 A

【解析】在现代市场经济条件下，期货交易所已成为具有高度系统性和严密性、高度组织化和规范化的交易服务组织。期货交易所致力于创造安全、有序、高效的市场机制，以营造公开、公平、公正和诚信透明的市场环境与维护投资者的合法权益为基本宗旨。

43.【答案】 A

【解析】我国目前四家期货交易所中，中国金融期货交易所采取分级结算制度，即期货交易所会员由结算会员和非结算会员组成。

44.【答案】 D

【解析】商品投资基金是指广大投资者将资金集中起来，委托给专业的投资机构，并通过商品交易顾问进行期货和期权交易，投资者承担风险并享受投资收益的一种集合投资方式。

45.【答案】 D

【解析】强行平仓执行完毕后，由交易所记录执行结果并存档。

46.【答案】 B

【解析】中长期利率期货合约的标的主要为各国政府发行的中长期国债，期限在1年以上。

47.【答案】 C

【解析】根据期货结算机构与期货交易所的关系不同，一般可分为两种形式：①结算机构是某一交易所的内部机构，仅为该交易所提供结算服务；②结算机构是独立的结算公司，可为一家或多家期货交易所提供结算服务。目前，我国采取第一种形式。

48.【答案】 B

【解析】买入套期保值是指交易者为了回避股票市场价格上涨的风险，通过在期货市场买入股票指数的操作，在股票市场和期货市场上建立盈亏冲抵机制。进行买入套期保值的情形主要是：投资者在未来计划持有股票组合，担心股市大盘上涨而使购买股票组合成本上升。

49. 【答案】 C

【解析】实行会员分级结算制度的期货交易所应当配套建立结算担保金制度。结算会员通过缴纳结算担保金实行风险共担。

50. 【答案】 A

【解析】我国上海期货交易所采用的实物交割方式为集中交割方式。

51. 【答案】 C

【解析】期货交易的结算是由期货交易所统一组织进行的。我国《期货交易管理条例》规定，期货交易所实行当日无负债结算制度，期货交易所应当在当日及时将结算结果通知会员。

52. 【答案】 B

【解析】当期货交易成交之后，买卖双方缴纳一定的保证金，结算机构就承担起保证每笔交易按期履约的责任。交易双方并不发生直接关系，只和结算机构发生关系，结算机构成为所有合约卖方的买方和所有合约买方的卖方。如果交易者一方违约，结算机构将先代替其承担履约责任，由此可大大降低交易的信用风险。

53. 【答案】 C

【解析】当期货交易成交之后，买卖双方缴纳一定的保证金，结算机构就承担起保证每笔交易按期履约的责任。交易双方并不发生直接关系，只和结算机构发生关系，结算机构成为所有合约卖方的买方和所有合约买方的卖方。也正是由于结算机构替代了原始对手，结算会员及其客户才可以随时对冲合约而不必征得原始对手的同意，使得期货交易的对冲平仓方式得以实施。

54. 【答案】 A

【解析】当股指期货价格被高估时，交易者可以通过卖出股指期货、买入对应的现货股票进行正向套利。

55. 【答案】 C

【解析】期转现交易的优越性在于：第一，加工企业和生产经营企业利用期转现可以节约期货交割成本；可以灵活商定交货品级、地点和方式；可以提高资金的利用效率。第二，期转现比"平仓后购销现货"更便捷。第三，期转现比远期合同交易和期货实物交割更有利。

56. 【答案】 B

【解析】期货公司应当建立独立的风险管理系统，规范、完善的业务操作流程和风险管理制度。合理设置业务部门及其职能，建立岗位责任制度，不相容岗位应当分离。期货公司应设立合规审查部门或者岗位，审查和稽核期货公司经营管理的合法合规性。

57. 【答案】 D

【解析】期货公司可根据需要设置不同规模的营业部，期货公司对营业部实行"四统一"。"四统一"是指期货公司应当对营业部实行统一结算、统一风险管理、统一资金调拨、统一财务管理和会计核算。

58. 【答案】 A

【解析】期货合约是指由期货交易所统一制定的、规定在将来某一特定的时间和地点交割一定数量和质量标的物的标准化合约。

59. 【答案】 D

【解析】基差是某一特定地点某种商品或资产的现货价格与相同商品或资产的某一特定期货合约价格间的价差。

60. 【答案】 C

【解析】如果标的物价格下跌，则可放弃权利或低价转让看涨期权，其最大损失为全部权利金。

二、多项选择题

1. 【答案】 ABCD

【解析】期货市场的价格机制较为成熟和完善，能够形成真实有效地反映供求关系的期货价格。这种机制下形成的价格具有公开性、连续性、预期性和权威性的特点。

2. 【答案】 AB

【解析】利率期货包括3个月欧洲美元期货、3个月欧洲银行间欧元拆借利率期货，5年期、10年期和长期国债期货等。标准普尔500指数期货和中国香港恒生指数期货都属于股指期货的范畴。

3. 【答案】 BCD

【解析】黄金期货属于商品期货中的金属期货。

4. 【答案】 ABC

【解析】商品市场的本期供给量主要由期初库存量、当期国内生产量和当期进口量三部分组成。这三方的供给对期货价格的影响不可忽视。

5. 【答案】 AD

【解析】上海期货交易所的期货品种主要包括铜、铝、锌、铅、螺纹钢、线材、热轧卷板、天然橡胶、黄金、白银、燃料油、石油沥青、锡、镍期货等。

6. 【答案】 BC

【解析】中国期货保证金监控中心于2006年5月成立，作为期货保证金安全存管机构，保证金监控中心为有效降低保证金被挪用的风险、保证期货交易资金安全，以及维护投资者利益发挥了重要作用。中国期货保证金监控中心是经国务院同意、中国证监会决定设立，并在国家工商行政管理总局注册登记的期货保证金安全存管机构，是非营利性公司制法人。

7. 【答案】 ACD

【解析】适合外汇期货卖出套期保值的情形主要包括：(1) 持有外汇资产者，担心未来货币贬值。(2) 出口商和从事国际业务的银行预计未来某一时间将会得到一笔外汇，为了避免外汇汇率下跌造成损失。外汇期货市场的套期保值操作实质上是为现货外汇资产"锁定汇价"，消除或减少外汇受汇率上下波动的影响。

8. 【答案】 ABC

【解析】指定交割仓库的日常业务分为三个阶段：商品入库、商品保管和商品出库。指定交割仓库应保证期货交割商品优先办理入库、出库。

9. 【答案】　BCD

【解析】期货交易之所以具有发现价格的功能，主要是因为：①期货交易的参与者众多，成千上万的买家和卖家聚集在一起进行竞争，可以代表供求双方的力量，有助于公平价格的形成；②期货交易中的交易人士大多熟悉某种商品行情，有丰富的商品知识和广泛的信息渠道以及一套科学的分析、预测方法。他们与众多对手竞争，这样形成的期货价格实际上反映了大多数人的预测，因而能够比较接近地代表供求变动趋势；③期货交易的透明度高，竞争公开化、公平化，有助于形成公正的价格。

10. 【答案】　ABCD

【解析】期货公司一般具有以下职能：根据客户指令代理买卖期货合约，办理结算和交割手续；对客户账户进行管理，控制客户交易风险；为客户提供期货市场信息，进行期货交易咨询，充当客户的交易顾问；为客户管理资产，实现财富管理。

11. 【答案】　ABC

【解析】股指期货理论价格相关的假设条件有：暂不考虑交易费用，期货交易所需占用的保证金以及可能发生的追加保证金也暂时忽略；期、现两个市场都有足够的流动性，使得交易者可以在当前价位上成交；融券以及卖空极易进行，且卖空所得资金随即可以使用。

12. 【答案】　BCD

【解析】目前，我国客户的下单方式有书面下单、电话下单和互联网下单三种。

13. 【答案】　ACD

【解析】生产经营者通过套期保值来规避风险，但套期保值并不是消灭风险，只是将其转移。

14. 【答案】　ABC

【解析】郑州商品交易所的交易指令有限价指令、市价指令、跨期套利指令和跨品种套利指令。

15. 【答案】　ABC

【解析】会员制期货交易所一般设有会员大会、理事会、专业委员会和业务管理部门。公司制期货交易所一般下设股东大会、董事会、监事会（或监事）及高级管理人员。

16. 【答案】　ABCD

【解析】套利交易中模拟误差来自两个方面：一方面，组成指数的成分股太多，短时期内买进或卖出太多股票有困难，并且准确模拟将使交易成本大大增加，对于一些成交不活跃的股票来说，买卖的冲击成本非常大；另一方面，股市买卖有最小单位的限制，很可能产生零碎股，也会引起模拟误差。

17. 【答案】　BCD

【解析】期货交易所是为期货交易提供场所、设施、相关服务和交易规则的机构。它自身并不参与期货交易。期货交易所通常具有以下5个重要职能：①提供交易的场所、设施和服务；②设计合约、安排合约上市；③制定并实施期货市场制度与交易规则；④组织并监督期货交易，监控市场风险；⑤发布市场信息。

18. 【答案】　BCD

【解析】除选项 B、C、D 外，场外期权的特点还包括交易品种多样、形式灵活、规模巨大和信用风险大等。

19.【答案】　ABCD

【解析】标准仓单，是指交割仓库开具并经期货交易所认定的标准化提货凭证。标准仓单经交易所注册后生效，可用于交割、转让、提货、质押等。

20.【答案】　CD

【解析】金字塔式买入卖出：如果建仓后市场行情与预料相同并已经使投机者获利，可以增加持仓。增仓应遵循以下两个原则：（1）只有在现有持仓已经盈利的情况下，才能增仓。（2）持仓的增加应渐次递减。

21.【答案】　ABC

【解析】在我国，郑州商品交易所、大连商品交易所、上海期货交易所实行全员结算制度，交易所对所有会员的账户进行结算，收取和追收保证金。中国金融期货交易所实行会员分级结算制度。

22.【答案】　ABD

【解析】期货公司在接受客户开户申请时，必须向客户提供"期货交易风险说明书"。个人客户应在仔细阅读并理解后，在该"期货交易风险说明书"上签字；单位客户应在仔细阅读并理解之后，由单位法定代表人或授权他人在该"期货交易风险说明书"上签字并加盖单位公章。

23.【答案】　AB

【解析】每日价格最大波动限制的确定主要取决于该种标的物市场价格波动的频繁程度和波幅的大小。一般来说，标的物价格波动越频繁、越剧烈，该商品期货合约允许的每日价格最大波动幅度就应设置得大一些。

24.【答案】　ABCD

【解析】利用期货工具进行套期保值操作，要实现"风险对冲"，必须具备以下条件：（1）期货品种及合约数量的确定应保证期货与现货头寸的价值变动大体相当。（2）期货头寸应与现货头寸相反，或者作为现货市场未来要进行的交易的替代物。（3）期货头寸持有的时间段要与现货市场承担风险的时间段对应起来。

25.【答案】　ABD

【解析】期货保证金存管银行（简称存管银行）属于期货服务机构，是由交易所指定、协助交易所办理期货交易结算业务的银行。交易所有权对存管银行的期货结算业务进行监督。期货保证金存管银行的设立是国内期货市场保证金封闭运行的必要环节，也是保障投资者资金安全的重要组织机构。故 A 项、B 项、D 项正确。期货结算机构负责交易所期货交易的统一结算、保证金管理和结算。故 C 项错误。

26.【答案】　ABCD

【解析】美国商品投资基金组织结构包括：（1）商品基金经理（CPO）。（2）商品交易顾问（CTA）。（3）交易经理（TM）。（4）期货佣金商（FCM）。（5）托管人（Custodlan）。

27.【答案】　ABD

【解析】买卖双方进行期转现相当于通过期货市场签订一个远期合同，一方面实现了套期保值的目的,另一方面避免了合同违约的可能。

28.【答案】 BC

【解析】中长期国债通常是附有息票的附息国债,附息国债的付息方式是在债券期满之前,按照票面利率每半年(或每年、每季度)付息一次,最后一笔利息在期满之日与本金一起偿付。故 A 项错误。短期国债通常采用贴现方式发行,到期按照面值进行兑付。故 D 项错误。

29.【答案】 AC

【解析】止损指令是指当市场价格达到客户预先设定的触发价格时,即变为市价指令予以执行的一种指令。客户利用止损指令,既可有效地锁定利润,又可以将可能的损失降至最低限度,还可以相对较小的风险建立新的头寸。卖出止损指令的止损价低于当前市场价格。止损锁定了最大损失,即价格应在 1450~1470 元之间。

30.【答案】 ABCD

【解析】期转现交易的优越性表现在:(1)加工企业和生产经营企业利用期转现可以节约期货交割成本,如搬运、整理和包装等交割费用;可以灵活商定交货品级、地点和方式;可以提高资金的利用效率。(2)期转现比"平仓后购销现货"更便捷。(3)期转现比远期合同交易和期货实物交割更有利。

30.【答案】 BCD

【解析】期货合约是指由期货交易所统一制定的、规定在将来某一特定的时间和地点交割一定数量和质量标的物的标准化合约。除了合约的价格没有在合约条款中规定外,其余如买卖品种、交割月份、最后交易日等都是标准化的条款。期货合约可以直接在交易所买卖,无须背书。

31.【答案】 ABD

【解析】根据股指期货理论价格计算公式,$F(t, T) = S(t)[1 + (r-d) \times (T-t)/365]$ = $1500 \times [1 + (5\% - 1\%)/4]$ = 1515(点),则无套利区间为$(S(t)[1 + (r-d) \times (T-t)/365] - TC, S(t)[1 + (r-d) \times (T-t)/365] + TC)$ = (1500, 1530)。当存在期价高估时,交易者可通过卖出股指期货同时买入对应的现货股票进行套利交易,即正向套利,反之期价低估时反向套利。

32.【答案】 ABD

【解析】一般来说,期货套利交易主要是指期货价差套利。期货价差套利根据所选择的期货合约的不同,可分为跨期套利、跨市套利和跨品种套利。

33.【答案】 CD

【解析】现货市场中的商品和金融工具不计其数,但并非都适合作为期货合约的标的。交易所为了保证期货合约上市后能有效地发挥其功能,在选择标的时,一般需要考虑以下条件:①规格或质量易于量化和评级;②价格波动幅度大且频繁;③供应量较大,不易为少数人控制和垄断。

34.【答案】 AB

【解析】当收盘价高于开盘价时,形成的 K 线为阳线,中部的实体一般用空白或红色表示。当收盘价低于开盘价,形成的 K 线为阴线,中部的实体一般用绿色或黑色表示。

35. 【答案】 AC

【解析】一般按照各合约在交易全过程中所处的不同时期，分别确定不同的限仓数额。比如，一般月份合约的持仓限额及持仓报告标准设置得高；临近交割时，持仓限额及持仓报告标准设置得低。

36. 【答案】 BD

【解析】看跌期权，即看跌期权买方预期标的资产市场价格下跌而买入卖权。标的资产市场价格下跌越多，买方行权可能性越大，行权卖出标的物后获取收益的可能性越大、获利可能越多。标的资产价格波动率越大、波动幅度越大，看涨和看跌期权的多头越有利、期权价格越高。

37. 【答案】 ABD

【解析】对于商品期货来说，确定期货合约交易单位的大小，主要应当考虑合约标的物的市场规模、交易者的资金规模、期货交易所的会员结构，该商品的现货交易习惯等因素。

38. 【答案】 BD

【解析】若投资者预期市场利率下降，或者预期一定有效期内债券收益率下降，则债券价格将会上涨，便可选择多头策略，买入国债期货合约，期待期货价格上涨获利。若投资者预期市场利率上升或债券收益率上升，则债券价格将下跌，便可选择空头策略，卖出国债期货合约，期待期货价格下跌获利。

39. 【答案】 BCD

【解析】大连商品交易所、郑州商品交易所和上海期货交易所均已上市能源化工类期货品种。例如：大连商品交易所的线型低密度聚乙烯期货、聚氯乙烯期货；郑州商品交易所的精对苯二甲酸期货；上海期货交易所的燃料油期货。

40. 【答案】 CD

【解析】在期货交易中，每次报价的最小变动数值必须是最小变动价位的整数倍。最小变动价位乘以交易单位，就是商品期货合约价值的最小变动值。股指期货合约以指数点报价，一张股指期货合约的合约价值用股指期货指数点乘以某一既定的货币金额表示，这一既定的货币金额称为合约乘数，即股指期货每手合约的最小变动值：最小变动价位×合约乘数。

三、判断题

1. 【答案】 A

【解析】基差是某一特定地点某种商品或资产的现货价格与相同商品或资产的某一特定期货合约价格间的价差。

2. 【答案】 A

【解析】投机者进行期货交易，总是力图通过对未来价格的正确判断和预测赚取价差利润。

3. 【答案】 A

【解析】一般认为，期货交易萌芽于欧洲。早在古希腊和古罗马时期，欧洲就出现了中央交易场所和大宗易货交易，形成了按照既定时间和场所开展的交易活动。在此基础上，签订远期合同的雏形产生。

4. 【答案】 A

【解析】双向交易是指期货交易者既可以买入建仓（或称开仓），即通过买入期货合约开始交易，也可以卖出建仓，即通过卖出期货合约开始交易。前者也称为"买空"，后者也称为"卖空"。

5. 【答案】 B

【解析】会员制期货交易所一般适用于民法的有关规定；而公司制期货交易所首先适用公司法的规定，只有在公司法未作规定的情况下，才适用民法的一般规定。

6. 【答案】

【解析】2000年12月，中国期货业协会成立，标志着中国期货行业自律组织的诞生，从而将新的自律机制引入监管体系。

7. 【答案】 B

【解析】期货合约是期货交易所统一制定的、规定在将来某一特定的时间和地点交割一定数量标的物的标准化合约。

8. 【答案】 B

【解析】投机者买进期货合约，持有多头头寸，被称为多头投机者。投机者卖出期货合约，持有空头头寸，则被称为空头投机者。

9. 【答案】 B

【解析】期货公司作为交易者与期货交易所之间的桥梁和纽带，属于非银行金融机构。

10. 【答案】 B

【解析】保证金制度是指在期货交易中，任何交易者必须按照其所买卖期货合约价值的一定比率（通常为5%~15%）缴纳资金，用于结算和保证履约。

11. 【答案】 B

【解析】期货交易采用双向交易方式，交易者既可以买入建仓，即通过买入期货合约开始交易；也可以卖出建仓，即通过卖出期货合约开始交易。前者也称为"买空"，后者也称为"卖空"。

12. 【答案】 A

【解析】结算价是指当天交易结束后，对未平仓合约进行当日交易保证金及当日盈亏结算的基准价。

13. 【答案】 A

【解析】期货交易与远期交易同属于远期交易，但是两者交易的远期合约存在着标准化与非标准化的差别。前者是由交易所统一制定的标准化远期合约；后者是非标准化的，合同中标的物的数量、规格、交割时间和地点等条款由交易双方协商达成。

14. 【答案】 B

【解析】外汇期货套利形式与商品期货套利形式大致相同，可分为期现套利、跨市场套利、跨币种套利和跨期套利四种类型

15. 【答案】 B

【解析】期货交易实行当日无负债结算，也称为逐日盯市。结算部门在每日交易结束

后，按当日结算价对交易者结算所有合约的盈亏、交易保证金及手续费、税金等费用，对应收应付的款项实行净额一次划转，并相应增加或减少保证金。如果交易者的保证金余额低于规定的标准，则须追加保证金，从而做到"当日无负债"。

16. 【答案】 B

【解析】目前，我国各期货交易所普遍采用了限价指令。

17. 【答案】 B

【解析】紧缩性的货币政策是通过削减货币供应的增长速度来降低总需求水平，在这种政策下，取得信贷资金较为困难，市场利率也随之上升。

18. 【答案】 A

【解析】买卖双方通过交易所进行标准仓单与货款交换。买方通过其会员期货公司、交易所将货款交给卖方，而卖方则通过其会员期货公司、交易所将标准仓单交付给买方。

19. 【答案】 B

【解析】价格发现不是期货市场所特有的，但期货市场比其他市场具有更高的价格发现效率，这是基于期货市场的特有属性实现的。

20. 【答案】 B

【解析】期货价格具有公开性，即期货价格及时向公众披露，从而能够迅速地传递到现货市场。

四、综合题

1. 【答案】 B

【解析】计算步骤如下：

（1）平仓盈亏（逐笔对冲）＝Σ［（卖出成交价－买入成交价）×交易单位×平仓手数］＝（2340－2348）×10×100＝－8000（元）。

（2）浮动盈亏＝Σ［（当日结算价－买入成交价）×交易单位×买入手数］＝（2355－2350）×10×100＝5000（元）。

（3）当日结存（逐笔对冲）＝上日结存（逐笔对冲）＋平仓盈亏（逐笔对冲）＋入金－出金－手续费（等）＝250000－8000＝242000（元）。

（4）客户权益（逐笔对冲）＝当日结存（逐笔对冲）＋浮动盈亏＝242000＋5000＝247000（元）。（5）保证金占用＝Σ（当日结算价×交易单位×持仓手数×公司的保证金比例）＝2355×10×100×10%＝235500（元）。

（6）可用资金＝客户权益－保证金占用＝247000－235500＝11500（元）。

2. 【答案】 B

【解析】王某的保证金占用为：100×50×3100×12%＝1860000（元）。则其持仓风险度＝保证金占用/客户权益×100%＝1860000/1963000×100%＝94.75%。

3. 【答案】 B

【解析】买方实际购入大豆价格＝4310－（4360－4200）＝4150（元/吨），卖方实际销售价格＝4310＋（4400－4360）＝4350（元/吨）。如果双方不进行期转现而在期货合约到期时实物交割，则买方按开仓价4200元/吨购入大豆；卖方按开仓价4400元/吨销售大豆，设交割成本为 X，实际售价为（4400 - X）元/吨。若使双方都有利，卖方期转现操作的实际售价 4350 元/吨应大于实物交割的实际售价（4400 - X）元/吨，即 4350 >（4400 - X），解得 X > 50。

4.【答案】 B

【解析】当期货价格小于现货价格时，称作"反向市场"。反向套利是构建现货空头和期货多头的套利行为（在期现套利中就是做空基差）。在现实中，通常是拥有现货库存的企业为了降低库存成本才会考虑实施反向期现套利。这是因为在现货市场上卖出现货，企业不仅能够获得短期融资，而且可以省下仓储成本。商家可以在南宁卖出白糖现货，同时在郑州商品交易所买入白糖期货，盈利空间为（5740 - 5440 - 190）~（5740 - 5440 - 160），即 110 ~ 140 元/吨。

5.【答案】 B

【解析】涨停价格 = 上一交易日的结算价 ×（1 + 涨跌停板幅度）= 2997 ×（1 + 4%）= 3116.88（元/吨），但豆粕期货的最小变动价位是 1 元/吨，所以涨停板为 3116 元/吨。

6.【答案】 B

【解析】基差走强，买入套期保值效果有净损失，期货市场盈利：4780 - 4350 = 430（元/吨）；现货市场亏损：4150 - 3600 = 550（元/吨），所以购销企业净损失为：550 - 430 = 120（元/吨）。净损失：120 × 200 × 10 = 240000（元）。

7.【答案】 D

【解析】B 项，实物价格 = 14800 - 150 = 14650（元/吨）；C 项，结束套期保值交易时的基差 = 14650 - 14800 = -150（元/吨）；A 项，-150 -（-250）= 100（元/吨），基差走强 100 元/吨，不完全套期保值，且有净盈利；D 项，实际售价 = 14650 +（16600 - 14800）= 16450（元/吨）。

8.【答案】 D

【解析】11 月份的黄金期货合约亏损 = 962 - 953 = 9（美元/盎司）；7 月份的黄金期货合约盈利 = 951 - 947 = 4（美元/盎司）。套利结果：-9 + 4 = -5（美元/盎司）。

9.【答案】 D

【解析】现货市场交割价为 2260 - 30 = 2230（元/吨），甲实际购入菜粕的价格 = 2230 -（2260 - 2100）= 2070（元/吨）；乙实际销售菜粕价格 = 2230 +（2300 - 2260）= 2270（元/吨）。

10.【答案】 C

【解析】商定平仓价和交货价的差额一般要小于节省的交割费用、仓储费和利息以及货物的品级差价总和，这样期转现对双方都有利。设平仓价格为 x，交收价格为 Y，则多头少花 30210 - [y -（x - 30210）] = x - y > 0，空头多卖 y +（30630 - x）-（30630 - 140）= y - x + 140 > 0，所以，0 < x - y < 140。

11.【答案】 D

【解析】期权的内涵价值是指在不考虑交易费用和期权费的情况下，买方立即执行期权合约可获取的收益。看跌期权的内涵价值 = 执行价格 - 标的资产价格。如果计算结果小于 0，则内涵价值等于 0。A 项，内涵价值为 64.50 - 63.95 = 0.55（港元）；B、C 两项，内涵价值为 67.50 - 63.95 = 3.55（港元）；D 项，内涵价值为 0。

12. 【答案】 C

【解析】卖出看涨期权的损益平衡点 = 执行价格 + 权利金 = 540 + 35 = 575（美元/蒲式耳）。

13. 【答案】 D

【解析】买进期权，无论是看涨还是看跌，其最大损失是权利金。而投机者两次购买期权权利金 = 180 + 100 = 280（点），故该投机者的最大亏损为 280 点。

14. 【答案】 B

【解析】计算如下：(0.007030 - 0.006835) × 2 × 12500000 = 4875（美元）。在不计算手续费的情况下，该投机者 E1 元期货的投机交易获利 4875 美元。

15. 【答案】 C

【解析】投资者盈利：(1.212 - 1.3432) × 100 + (1.3450 - 1.2101) × 100 = 3700（美元）。

	即期市场	外汇期货
3月1日	购买，100 万欧元，1.3432	卖出，100 万欧元，1.3450
6月1日	1.2120	1.2101
盈亏	(1.212 - 1.3432) × 100	(1.3450 - 1.2101) × 100
净损益	(1.212 - 1.3432) × 100 + (1.3450 - 1.2101) × 100 = 3700（美元）	

16. 【答案】 C

【解析】套利者进行的是跨币种套利交易。6 月 10 日，买入 100 手 6 月期瑞士法郎期货合约开仓，总价值为：100 × 125000 × 0.8764 = 10955000（美元）；卖出 72 手 6 月期欧元期货合约开仓，总价值为：72 × 125000 × 1.2106 = 10895400（美元）。6 月 20 日，卖出 100 手 6 月期瑞士法郎期货合约平仓，总价值为：100 × 125000 × 0.9066 = 11332500（美元）；买入 72 手 6 月期欧元期货合约平仓，总价值为：72 × 125000 × 1.2390 = 11151000（美元）。瑞士法郎盈利：11332500 - 10955000 = 377500（美元）；欧元损失：11151000 - 10895400 = 255600（美元），则套利结果为盈利：377500 - 255600 = 121900（美元）。

17. 【答案】 C

【解析】本题中，10 年期国债期货的合约面值为 100000 美元，合约面值的 1% 为 1 个点，即 1 个点代表 1000 美元；报价以点和多少 1/32 点的方式进行，1/32 点代表 31.25 美元。10 年期国债期货 2009 年 6 月合约交割价为 125 ~ 160，表明该合约价值为：1000 × 125 + 31.25 × 16 = 125500（美元），买方必须付出 125500 × 0.9105 + 100000 × 4.5% × 4/12 = 115767.75（美元）。

18. 【答案】 A

【解析】根据股指期货理论价格的计算公式，可得：$[(t, T) = S(t) + S(t) \times (r-d) \times (T-t)/365 = S(t)[1 + (r-d) \times (T-t)/365] = 1450 \times [1 + (6\% - 1\%) \times 3/12] = 1468.13$（点）。

19. 【答案】 B

【解析】进行股指期货卖出套期保值的情形主要是：投资者持有股票组合，担心股市大盘下跌而大盘下跌而影响股票组合的收益。依照题意，投资者预进行的是卖出股指期货套期保值。股指期货套期保值中合约数量的确定公式为：买卖期货合约数＝［现货总价值／（期货指数点×每点乘数）］×β系数，故本题应该卖出的股指期货合约数＝［30000000／（1000×100）］×1.2＝360（手）。

20.【答案】 C

【解析】平仓时，投机者盈利：［（1280－1260）－（1300－1290）］×250×10＝25000（美元）。

	9月标准普尔500指数	12月标准普尔500指数
建仓	买入，1300点，10张	卖出，1280点，10张
平仓	1290点	1260点
盈亏	亏损10点	盈利20点
净损益	盈利10点×10张×250＝25000美元	

全国期货从业人员执业资格考试热题库

《期货基础知识》模拟试卷（二）

一、单项选择题（共60题，每小题0.5分，共30分）以下备选项中只有一项最符合题目要求，不选、错选均不得分。

1. 现代意义上的期货市场产生于19世纪中期的（　　）。
   A. 法国巴黎　　　　　　　　　B. 英国伦敦
   C. 荷兰阿姆斯特丹　　　　　　D. 美国芝加哥

2. 会员制期货交易所会员大会的常设机构是（　　）。
   A. 股东大会　　B. 董事会　　C. 理事会　　D. 监事会

3. 关于期货合约的标准化，说法不正确的是（　　）。
   A. 减少了价格波动　　　　　　B. 降低了交易成本
   C. 简化了交易过程　　　　　　D. 提高了市场流动性

4. 某玉米经销商在大连商品交易所做玉米卖出套期保值，建仓时基差为-30元/吨，平仓时为-50元/吨，则该套期保值的效果是（　　）。（不计手续费等费用）
   A. 存在净盈利　　B. 存在净亏损　　C. 刚好完全相抵　　D. 不确定

5. 某套利者在4月1日买入7月铝期货合约的同时卖出8月铝期货合约，价格分别为13420元/吨和13520元/吨，持有一段时间后，价差扩大的情形是（　　）。
   A. 7月期货合约价格为13460元/吨，8月份期货合约价格为13500元/吨
   B. 7月期货合约价格为13400元/吨，8月份期货合约价格为13600元/吨
   C. 7月期货合约价格为13450元/吨，8月份期货合约价格为13400元/吨
   D. 7月期货合约价格为13560元/吨，8月份期货合约价格为13300元/吨

6. 在其他因素不变的情况下，下列关于标的物价格波动幅度与期权价格关系的说法，正确的是（　　）。
   A. 标的物价格波动幅度越大，期权的价格越高
   B. 标的物价格波动幅度越小，期权的价格越高
   C. 标的物价格波动幅度越大，实值期权的价格越高，虚值期权价格越低
   D. 标的物价格波动幅度越大，看涨期权的价格越高，看跌期权价格越低

7. 对于美国投资者来说，外汇空头套期保值是指（　　），为防止外币贬值，而在外汇期货市场上做一笔相应的空头交易。
   A. 期汇市场上处于多头地位的交易者　　B. 期汇市场上处于空头地位的交易者
   C. 现汇市场上处于多头地位的交易者　　D. 现汇市场上处于空头地位的交易者

8. 沪深300股指期货以合约最后（　　）成交价格，按照成交量的加权平均价作为当日的结算价。

A. 三分钟　　　　B. 半小时　　　　C. 一小时　　　　D. 两小时

9. 利用股指期货进行期现套利，正向套利操作是指（　　）。
   A. 买进股票指数所对应的一揽子股票，同时卖出股票指数期货合约
   B. 卖出股票指数所对应的一揽子股票，同时买进股票指数期货合约
   C. 买进近期股指期货合约，卖出远期股指期货合约
   D. 卖出近期股指期货合约，买进远期股指期货合约

10. 在我国，大豆期货连续竞价时段，某合约最高买入申报价为4530元/吨，前一成交价为4527元/吨，若投资者卖出申报价为4526元/吨，则其成交价为（　　）元/吨。
    A. 4530　　　　B. 4526　　　　C. 4527　　　　D. 4528

11. 股票期货合约的净持有成本为（　　）。
    A. 储存成本
    B. 资金占用成本
    C. 资金占用成本减去持有期内股票分红红利
    D. 资金占用成本加上持有期内股票分红红利

12. 在主要的下降趋势线的下侧（　　）期货合约，不失为有效的时机抉择。
    A. 卖出　　　　B. 买入　　　　C. 平仓　　　　D. 建仓

13. 道琼斯工业平均指数由（　　）只股票组成。
    A. 43　　　　B. 33　　　　C. 50　　　　D. 30

14. 如果看涨期权的卖方要对冲了结其期权头寸，应（　　）。
    A. 卖出相同期限、相同月份且执行价格相同的看涨期权
    B. 买入相同期限、相同月份且执行价格相同的看涨期权
    C. 卖出相同期限、相同月份且执行价格相同的看跌期权
    D. 买入相同期限、相同月份且执行价格相同的看跌期权

15. 7月初，某套利者在国内市场买入9月份天然橡胶期货合约的同时，卖出11月份天然橡胶期货合约，成交价分别为28175元/吨和28550元/吨。7月中旬，该套利者同时将上述合约对冲平仓，成交价格分别为29250元/吨和29550元/吨，则该套利者（　　）。
    A. 盈利75元/吨　　B. 亏损75元/吨　　C. 盈利25元/吨　　D. 亏损25元/吨

16. 点价交易是指以期货价格加上或减去买卖双方协商的升贴水来确定买卖（　　）价格的交易方式。
    A. 期货合约和现货商品　　　　　　B. 现货商品
    C. 期权合约　　　　　　　　　　　D. 期货合约

17. 3月中旬，某饲料厂预计两个月后将需要玉米5000吨，决定利用玉米期货进行套期保值。该厂在7月份到期的玉米期货合约上建仓，成交价格为2060元/吨。此时玉米现货价格为2000元/吨。至5月中旬，玉米期货价格上涨至2190元/吨，玉米现货价格为2080元/吨。该饲料厂按照现货价格买入5000吨玉米。同时按照期货价格将7月份玉米期货合约对冲平仓。则套期保值的结果为（　　）。

A. 基差不变，实现完全套期保值

B. 基差走弱，不完全套期保值，存在净盈利

C. 基差走强，不完全套期保值，存在净盈利

D. 基差走强，不完全套期保值，存在净亏损

18. 当看涨期权的执行价格低于当时的标的物价格时，该期权为（ ）。
    A. 实值期权   B. 虚值期权   C. 内涵期权   D. 外涵期权

19. 涨跌停板制度是指期货合约在一个交易日中的价格波动幅度不得（ ）规定的涨跌幅度。
    A. 高于或低于   B. 高于   C. 低于   D. 等于

20. 期货市场的（ ）可以借助套期保值实现，通过在期货和现货两个市场进行方向相反的交易，从而在期货市场和现货市场之间建立一种盈亏冲抵机制，以一个市场的盈利弥补另一个市场的亏损，实现锁定成本、稳定收益的目的。
    A. 价格发现的功能   B. 套利保值的功能
    C. 风险分散的功能   D. 规避风险的功能

21. 卖出套期保值是为了（ ）。
    A. 规避期货价格上涨的风险   B. 规避现货价格下跌的风险
    C. 获得期货价格上涨的收益   D. 获得现货价格下跌的收益

22. 在正向市场上，某交易者下达买入5月菜籽油期货合约同时卖出7月菜籽油期货合约的套利限价指令，价差为100元/吨。则该交易指令可以（ ）元/吨的价差成交。
    A. 100   B. 不低于100   C. 不高于100   D. 无法确定

23. （ ）是指期权权利金扣除内涵价值的剩余部分。
    A. 盈利   B. 内在价值   C. 时间价值   D. 剩余价值

24. 芝加哥商业交易所（CME）的3个月欧洲美元期货合约的交割方式为（ ）。
    A. 实物交割   B. 现金交割
    C. 现金交割与实物交割混合   D. 以上都不对

25. 对于股指期货来说，当出现期价低估时，套利者可进行（ ）。
    A. 正向套利   B. 反向套利   C. 垂直套利   D. 水平套利

26. 波浪理论认为，一个完整的价格周期要经过（ ）个过程，其中，上升周期由（ ）个上升过程，（上升浪）和（ ）个下降过程（调整浪）组成。
    A. 8；4；4   B. 8；3；5   C. 8；5；3   D. 6；3；3

27. 9月15日，美国芝加哥期货交易所下一年1月份小麦期货价格为950美分/蒲式耳，1月份玉米期货价格为325美分/蒲式耳，某套利者按此价格卖出10手1月份小麦合约的同时买入10手1月份玉米合约。9月30日，该交易者同时将小麦期货合约和玉米期货合约平仓，平仓价格分别为935美分/蒲式耳、350美分/蒲式耳。则该交易者盈利（ ）。（1手＝5000蒲式耳）
    A. 20000美元   B. 200000美元   C. 2000000美元   D. 2000美元

28. 4月18日，大连玉米现货价格为1700元/吨，5月份玉米期货价格为1640元/吨，

该市场为（   ）。（假设不考虑品质价差和地区价差）
  A. 反向市场　　　B. 牛市　　　　　C. 正向市场　　　D. 熊市

29. 某投资者在恒生指数期货为 22500 点时买入 3 份恒生指数期货合约，并在恒生指数期货为 22800 点时平仓。已知恒生指数期货合约乘数为 50，则该投资者平仓后（   ）。
  A. 盈利 15000 港元　　　　　　　B. 亏损 151300 港元
  C. 盈利 45000 港元　　　　　　　D. 亏损 45000 港元

30. 期货保证金存管银行是由（   ）指定，协助交易所办理期货交易结算业务的银行。
  A. 证监会　　　B. 交易所　　　C. 期货公司　　　D. 银行总部

31. 在期货交易中，通过套期保值转移出去的大部分风险主要是由期货市场中大量存在的（   ）来承担。
  A. 期货投机者　　B. 套利者　　C. 套期保值者　　D. 期货公司

32. 1975 年，（   ）推出了第一张利率期货合约——国民抵押协会债券期货合约。
  A. 芝加哥商业交易所　　　　　　B. 芝加哥期货交易所
  C. 伦敦金属交易所　　　　　　　D. 纽约商品交易所

33. 金融期货最早产生于（   ）年。
  A. 1968　　　　B. 1970　　　　C. 1972　　　　D. 1982

34. 道琼斯工业平均指数的英文缩写是（   ）。
  A. DJIA　　　　B. DJTA　　　　C. DJUA　　　　D. DJCA

35. 在我国，为了防止交割中可能出现的违约风险，交易保证金比率一般（   ）。
  A. 随着交割期临近而提高　　　　B. 随着交割期临近而降低
  C. 随着交割期临近或高或低　　　D. 不随交割期临近而调整

36. 下列做法中符合金字塔买入投机交易特点的是（   ）。
  A. 以 7000 美元/吨的价格买入 1 手铜期货合约；价格涨至 7050 美元/吨买入 2 手铜期货合约；待价格继续涨至 7100 美元/吨再买入 3 手铜期货合约
  B. 以 7100 美元/吨的价格买入 3 手铜期货合约；价格跌至 7050 美元/吨买入 2 手铜期货合约；待价格继续跌至 7000 美元/吨再买入 1 手铜期货合约
  C. 以 7000 美元/吨的价格买入 3 手铜期货合约；价格涨至 7050 美元/吨买入 2 手铜期货合约；待价格继续涨至 7100 美元/吨再买入 1 手铜期货合约
  D. 以 7100 美元/吨的价格买入 1 手铜期货合约；价格跌至 7050 美元/吨买入 2 手铜期货合约；待价格继续跌至 7000 美元/吨再买入 3 手铜期货合约

37. 某交易者以 2090 元/吨买入 3 月强筋小麦期货合约 100 手，同时以 2180 元/吨卖出 5 月强筋小麦期货合约 100 手，当两合约价格为（   ）时，将所持合约同时平仓，该交易者盈利最大。
  A. 3 月份价格 2050 元/吨，5 月份价格 2190 元/吨
  B. 3 月份价格 2060 元/吨，5 月份价格 2170 元/吨
  C. 3 月份价格 2100 元/吨，5 月份价格 2160 元/吨

D. 3月份价格2200元/吨，5月份价格2150元/吨

38. 2月份到期的执行价格为380美分/蒲式耳的玉米期货看跌期权（A），其标的玉米期货价格为380美分/蒲式耳，权利金为25美分/蒲式耳；3月份到期的执行价格为380美分/蒲式耳的玉米期货看跌期权（B），该月份玉米期货价格为375美分/蒲式耳，权利金为15美分/蒲式耳。则下列说法小正确的有（　　）。
    A. A期权的内涵价值等于0
    B. A期权的时间价值等于25美分/蒲式耳
    C. B期权的时间价值等于10美分/蒲式耳
    D. B期权为虚值期权

39. 卖出看跌期权的最大盈利为（　　）。
    A. 无限   B. 执行价格
    C. 所收取的权利金   D. 执行价格权利金

40. 沪深300股指期货合约的最小变动价位是（　　）点。
    A. 1   B. 0.2   C. 0.1   D. 0.01

41. 在基本面分析法中不被考虑的因素是（　　）。
    A. 总供给和总需求的变动   B. 期货价格的近期走势
    C. 国内国际的经济形势   D. 自然因素和政策因素

42. 7月30日，某套利者卖出10手堪萨斯交易所12月份小麦期货合约，同时买入10手芝加哥期货交易所12月份小麦期货合约，成交价格分别为1250美分/蒲式耳和1260美分/蒲式耳。9月10日，该投资者同时将两个交易所的小麦期货合约平仓，平仓价格分别为1240美分/蒲式耳、1255美分/蒲式耳。则该套利者（　　）。（1手＝5000蒲式耳）
    A. 盈利5000美元   B. 亏损5000美元
    C. 盈利2500美元   D. 盈利250000美元

43. 关于标的物价格波动率与期权价格的关系（假设其他因素不变），以下说法正确的是（　　）。
    A. 标的物市场价格的波动率越高，期权卖方的市场风险会随之减少
    B. 标的物市场价格波动率越大，权利金越高
    C. 标的物市场价格的波动增加了期权向虚值方向转化的可能性
    D. 标的物市场价格波动率越小，权利金越高

44. 预期（　　）时，投资者应考虑卖出看涨期权。
    A. 标的物价格上涨且大幅波动   B. 标的物市场处于熊市且波幅收窄
    C. 标的物价格下跌且大幅波动   D. 标的物市场处于牛市且波幅收窄

45. 8月和12月黄金期货价格分别为305.00元/克和308.00元/克。套利者下达"卖出8月黄金期货和买入12月黄金期货，价差为3元/克"的限价指令，最优的成交价差是（　　）元/克。
    A. 1   B. 2   C. 4   D. 5

46. 某投资者欲采取金字塔卖出方式建仓，故先以3.05美元/蒲式耳的价格卖出3手5

月玉米合约。此后价格下跌到 2.98 美元/蒲式耳,该投资者再卖出 2 手 5 月玉米合约。当（　　）该投资者可以继续卖出 1 手玉米期货合约。
A. 价格下跌至 2.80 美元/蒲式耳　　　B. 价格上涨至 3.00 美元/蒲式耳
C. 价格为 2.98 美元/蒲式耳　　　　　D. 价格上涨至 3.10 美元/蒲式耳

47. 持仓费的高低与（　　）有关。
A. 持有商品的时间长短　　　　B. 持有商品的风险大小
C. 持有商品的品种不同　　　　D. 基差的大小

48. （　　）是指在交易所交易池内由交易者面对面地公开喊价,表达各自买进或卖出合约的要求。
A. 交易者协商成交　　　　　　B. 连续竞价制
C. 一节一价制　　　　　　　　D. 计算机撮合成交

49. 根据我国股指期货投资者适当性制度,自然人申请开户时保证金账户可用资金余额不低于人民币（　　）万元。
A. 50　　　　　B. 100　　　　　C. 200　　　　　D. 300

50. 下列不属于期货交易所风险控制制度的是（　　）。
A. 当日无负债结算制度　　　　B. 持仓限额和大户报告制度
C. 定点交割制度　　　　　　　D. 保证金制度

51. 期货合约是指由（　　）统一制定的、规定在将来某一特定的时间和地点交割一定数量和质量标的物的标准化合约。
A. 期货交易所　　　　　　　　B. 期货公司
C. 中国证券会　　　　　　　　D. 中国期货业协会

52. 能源期货始于（　　）年。
A. 20 世纪 60 年代　　　　　　B. 20 世纪 70 年代
C. 20 世纪 80 年代　　　　　　D. 20 世纪 90 年代

53. 在进行蝶式套利时,投机者必须同时下达（　　）个指令。
A. 6　　　　　B. 0　　　　　C. 3　　　　　D. 4

54. 下列不属于会员制期货交易所会员的基本权利的是（　　）。
A. 行使表决权、申诉权　　　　B. 设计期货合约
C. 在期货交易所内进行期货交易　　　　D. 按规定转让会员资格

55. 以下操作中属于跨市套利的是（　　）。
A. 买入 1 手 LME3 月份铜期货合约,同时卖出 1 手 3 月份上海期货交易所铜期货合约
B. 买入 5 手 CBOT3 月份大豆期货合约,同时卖出 5 手大连商品交易所 5 月大豆期货合约
C. 卖出 1 手 LME3 月份铜期货合约,同时卖出 1 手 CBOT5 月份大豆期货合约
D. 卖出 3 手 3 月份上海期货交易所铜期货合约,同时买入 1 手 3 月份大连商品交易所大豆期货合约

56. 下列关于套利交易指令的说法,不正确的是（　　）。

A. 买入和卖出指令同时下达
B. 套利指令有市价指令和限价指令等
C. 套利指令中需要标明各个期货合约的具体价格
D. 限价指令不能保证立刻成交

57. 期货市场上铜的买卖双方达成期转现协议，买方开仓价格为57500元/吨，卖方开仓价格为58100元/吨，协议平仓价格为57850元/吨，协议现货交收价格为57650元/吨，卖方可节约交割成本400元/吨，则卖方通过期转现交易可以（　　）。
A. 少卖100元/吨 B. 多卖100元/吨
C. 少卖200元/吨 D. 多卖200元/吨

58. 某投资者通过蝶式套利方法进行交易，他在某期货交易所买入2手3月铜期货合约，同时卖出5手5月铜期货合约，并买入3手7月铜期货合约。价格分别为68000元/吨，69500元/吨和69850元/吨。当3月、5月和7月价格分别变为（　　）时，该投资者平仓后能够净盈利150元。
A. 67680元/吨，68930元/吨，69810元/吨
B. 67800元/吨，69300元/吨，69700元/吨
C. 68200元/吨，70000元/吨，70000元/吨
D. 68250元/吨，70000元/吨，69890元/吨

59. 在反向市场上，交易者买入5月大豆期货合约同时卖出9月大豆期货合约，则该交易者预期（　　）。
A. 价差将缩小　B. 价差将扩大　C. 价差将不变　D. 价差将不确定

60. 上海铜期货市场某一合约的卖出价格为19500元，买入价格为19510元，前一成交价为19480元，那么该合约的撮合成交价应为（　　）元。
A. 19480 B. 19490 C. 19500 D. 19510

二、多项选择题（共40小题，每小题1分，共40分）以下备选项中有两项或两项以上符合题目要求，多选、少选、错选均不得分。

1. 一般情况下，在正向市场情况下，对商品期货而言，下列说法正确的是（　　）。
A. 当行情上涨时，近期合约涨幅大于远期合约
B. 当行情上涨时，近期合约涨幅小于远期合约
C. 当行情下跌时，近期合约跌幅大于远期合约
D. 当行情下跌时，近期合约跌幅小于远期合约

2. 下列关于短期国债与中长期国债的付息方式的说法中，正确的是（　　）。
A. 中长期国债通常采用贴现方式发行，到期按照面值兑付
B. 短期国债通常采用贴现方式发行到期按照面值兑付
C. 中长期国债通常为分期付息的债券
D. 短期国债通常为分期付息的债券

3. 跨市套利时，应（　　）。
A. 买入相对价格较低的合约　　　　B. 卖出相对价格较低的合约

C. 买入相对价格较高的合约　　　　D. 卖出相对价格较高的合约
4. 我国会员制期货交易所会员资格获得方式主要包括（　　）。
   A. 接受发起人的转让加入　　　　　B. 依据期货交易所的规则加入
   C. 以交易所创办发起人的身份加入　D. 由期货监管部门特批加入
5. 商品投资基金涉及（　　）等主体，部分风险的产生与这些主体的行为是有直接关联的。
   A. 投资者　　　B. 基金经理　　　C. 期货佣金高　　　D. 商品交易顾问
6. 实际上，许多期货佣金商同时也是（　　），向客户提供投资项目的业绩报告，同时也为客户提供投资于商品投资基金的机会。
   A. 商品基金经理　　　　　　　　　B. 商品交易顾问
   C. 交易经理　　　　　　　　　　　D. 托管人
7. 套利交易中模拟误差产生的原因有（　　）。
   A. 组成指数的成分股太多　　　　　B. 短时期内买进卖出太多股票有困难
   C. 准确模拟将使交易成本大大增加　D. 股市买卖有最小单位的限制
8. 阴线中，实体的上影线的长度表示（　　）和（　　）之间的价差。
   A. 最高价　　　B. 最低价　　　C. 开盘价　　　D. 收盘价
9. 下列期权为虚值期权的是（　　）。
   A. 看涨期权，且执行价格低于其标的资产价格
   B. 看涨期权，且执行价格高于其标的资产价格
   C. 看跌期权，且执行价格高于其标的资产价格
   D. 看跌期权，且执行价格低于其标的资产价格
10. 以下关于看涨期权的说法，正确的是（　　）。
    A. 如果已持有期货空头头寸，可买进该期货合约的看涨期权加以保护
    B. 持有现货者，可买进该现货的看涨期权规避价格风险
    C. 如果已持有期货多头头寸，可买进该期货合约的看涨期权加以保护
    D. 交易者预期标的物价价格上涨，可买进看涨期权获取权利金价差收益
11. 当股票组合和股指期货合约的价值确定后，套期保值者所需买卖的期货合约数与 β 系数的关系是（　　）。
    A. 成正比关系
    B. 成反比关系
    C. 买卖期货合约数：现货总价值/股指期货合约价值×β系数
    D. 买卖期货合约数 = 现货总价值/（股指期货合约价值×β系数）
12. 关于 β 系数，以下说法正确的是（　　）。
    A. β系数用来衡量证券或证券组合与整个市场风险程度的比较
    B. β系数大于1，说明证券或证券组合的风险程度小于整个市场的风险程度
    C. 股票组合的β系数比单个股票的β系数可靠性高
    D. 单个股票的β系数比股票组合的β系数可靠性高
13. 投资者持有一笔6个月后到期的短期国债，但他3个月后便急需一笔资金，投资者

可以通过（　　）实现。
   A. 买入3个月后到期的短期国债期货合约，3个月后进行实物交割
   B. 卖出6个月后到期的短期国债期货合约，3个月后进行实物交割
   C. 卖出3个月后到期的短期国债期货合约，3个月后进行实物交割
   D. 3个月后卖出其持有的短期国债

14. 关于卖出看涨期权的损益（不计交易费用），以下说法正确的是（　　）。
    A. 最大盈利为权利金
    B. 最大亏损为权利金
    C. 当执行价格大于标的资产价格时，有最大盈利
    D. 当执行价格大于标的资产价格时，有最大亏损

15. 在我国，证券公司受期货公司委托从事中间介绍业务时，不能提供的服务有（　　）。
    A. 代理客户进行期货交易　　　　B. 代理客户进行结算与交割
    C. 代期货公司收付客户期货保证金　D. 提供期货行情信息，交易设施

16. 期货期权的价格，是指（　　）。
    A. 权利金
    B. 是期货期权的买方为获取期权合约所赋予的权利而必须支付给卖方的费用
    C. 对于期货期权的买方，可以立即获得的收入
    D. 对于期货期权的卖方，可能遭受损失的最高限度

17. 下列各项中属于期权多头了结头寸的方式的是（　　）。
    A. 对冲平仓　　　　　　　B. 行权
    C. 持有期权至合约到期　　D. 以上三个都是

18. 卖出看涨期权的目的包括（　　）。
    A. 获取价差收益　　　　　B. 获取权利金收益
    C. 增加标的资产多头的利润　D. 增加标的资产空头的利润

19. 下列商品中，价格之间有互补关系的有（　　）。
    A. 菜籽油、棕榈油和豆油　　B. 汽车和汽油
    C. 床屉和床垫　　　　　　　D. 眼镜架和镜片

20. 期权的基本要素包括（　　）。
    A. 行权方式　　B. 行权方向　　C. 期权的价格　　D. 执行价格

21. 与场内期权相比，场外期权具有如下特点（　　）。
    A. 合约非标准化　　　B. 交易品种多样、形式灵活、规模巨大
    C. 交易对手机构化　　D. 流动性风险和信用风险大

22. 为避免现货价格上涨的风险，交易者可进行的操作有（　　）。
    A. 买入看涨期货期权　　B. 卖出看涨期货期权
    C. 买进期货合约　　　　D. 卖出期货合约

23. 下列情形中，基差为－80元/吨的有（　　）。
    A. 1月10日，玉米期货价格为1710元/吨，现货价格为1790元/吨

B. 1月10日，玉米期货价格为1710元/吨，现货价格为1630元/吨
C. 1月10日，玉米现货价格为1710元/吨，期货价格为1190元/吨
D. 1月10日，玉米现货价格为1710元/吨，期货价格为1630元/吨

24. 期货的品种可以分为（   ）。
    A. 股指期货   B. 外汇期货   C. 商品期货   D. 金融期货

25. 期货交易流程应包括（   ）。
    A. 开户与下单   B. 竞价   C. 结算   D. 交割

26. 期货交易的参与者众多，除会员外，还有其所代表的（   ）。
    A. 商品生产者   B. 商品销售者   C. 进出口商   D. 市场投机者

27. 标准仓单数量因（   ）等业务发生变化时，交易所收回原"标准仓单持有凭证"，签发新的"标准仓单持有凭证"。
    A. 交割   B. 交易   C. 转让   D. 注销

28. 在正向市场上，如果供给不足，需求相对旺盛，则会导致近期月份合约价格的（   ）远期月份合约，交易者可以通过买入近期月份合约的同时卖出远期月份合约而进行牛市套利。
    A. 上涨幅度大于   B. 下降幅度小于
    C. 上涨幅度小于   D. 下降幅度大于

29. 期货市场在宏观经济中的作用有（   ）。
    A. 为政府制定宏观经济政策提供参考依据
    B. 锁定生产成本，实现预期利润
    C. 有助于市场经济体系的建立与完善
    D. 促进本国经济的国际化

30. 以下属于期货价差套利种类的有（   ）。
    A. 跨期套利   B. 跨品种套利   C. 跨市套利   D. 期现套利

31. 关于我国期货合约名称的描述，正确的有（   ）。
    A. 注明了该合约的品种名称   B. 注明了该合约的价值
    C. 注明了该合约的上市交易所名称   D. 注明了该合约的交割日期

32. 某交易者以9710元/吨买入7月棕榈油期货合约100手，同时以9780元/吨卖出9月棕榈油期货合约100手，当两合约价格为（   ）时，将所持合约同时平仓，该交易者盈利。（不计手续费等费用）
    A. 7月份合约为9730，9月份合约为9750
    B. 7月份合约为9720，9月份合约为9770
    C. 7月份合约为9750，9月份合约为9740
    D. 7月份合约为9700，9月份合约为9785

33. 期转现交易流程包括（   ）等环节。
    A. 寻找交易对手   B. 交易双方商定价格
    C. 向交易所提出申请   D. 办理手续

34. 以下关于看跌期权的说法，正确的是（   ）。

A. 卖家收取权利金后，将承担按约定价格卖出标的资产的义务
B. 买方支付权利金后，就取得了按约定价格卖出标的资产的权利
C. 买方支付权利金后，就取得了按约定价格买入标的资产的权利
D. 卖家收取权利金后，将承担按约定价格买入标的资产的义务

35. 企业在套期保值操作上所面临的风险包括（　　）。
    A. 基差风险　　　B. 现金流风险　　　C. 流动性风险　　　D. 操作风险

36. 交易者卖出看跌期权是为了（　　）。
    A. 获得权利金　　　　　　　　　　B. 改善持仓
    C. 获取价差收益　　　　　　　　　D. 保护已有的标的物的多头

37. 下列属于权益类期权的有（　　）。
    A. 股票期权　　　B. 股指期权　　　C. ETF期权　　　D. 利率期权

38. 在我国境内期货交易所，以下由集合竞价产生的价格有（　　）。
    A. 同时推出了日盘和夜盘交易的期货合约，其日盘的第一笔成交价
    B. 仅推出了日盘交易的期货合约，其第一笔成交价
    C. 同时推出了日盘和夜盘交易的期货合约，其夜盘的第一笔成交价
    D. 仅推出了日盘交易的期货合约，其收盘价

39. 美国某投资机构预计美联储将降低利率水平，而其他国家相关政策保持稳定，决定投资于日元、加元期货市场，适合选择（　　）合约。
    A. 买入日元期货　　B. 卖出日元期货　　C. 买入加元期货　　D. 卖出加元期货

40. 计算某会员的当日盈利，应当先取得该会员（　　）的数据。
    A. 平当日仓盈亏　　　　　　　　　B. 交易保证金
    C. 平历史仓盈利　　　　　　　　　D. 持仓盈亏

三、判断题（共20题，每小题0.5分，共10分）正确的选A，错误的选B。不选、错选均不得分。

1. 期货交易与远期交易均为买卖双方约定于未来某一特定时间以约定价格买入或卖出一定数量的商品。（　　）
2. 某交易者预计棉花将因适宜的气候条件而大幅增产，他最有可能进行买入棉花期货合约的交易。（　　）
3. 会员大会是会员制期货交易所的权力机构。（　　）
4. 个人投机者是指用自有资金或者从分散的公众手中筹集的资金专门进行期货投机活动的交易主体。（　　）
5. 上海期货交易所交易的期货品种包括铜、铝、锌、铅、天然橡胶、燃料油等。（　　）
6. 一般来说，期货价格和现货价格之间的价差主要反映了持仓费。但现实中，价差并不绝对等同于持仓费。当两者出现较大的偏差时，期现套利机会就会出现。（　　）
7. 买进看跌期权的交易者在履行期权合约后将成为标的物的多头。（　　）
8. 如果套期保值者在期货和现货两个市场的盈亏不是完全冲抵的，这种套期保值被称

为不完全套期保值或非理想套期保值。（　　）

9. 场外期权的标的物一定是实物资产，场内期权的标的物一定是期货合约。（　　）
10. 最早的金属期货交易诞生于美国。（　　）
11. 期货交割时，允许交货人用与标准品有一定等级差别、期货交易所认可的替代商品作替代交割品。（　　）
12. 金字塔式买入、卖出是在市场行情与预料的相反的情况下所采用的方法。（　　）
13. 期货公司会员、非期货公司会员、一般客户适用相同的持仓限额以及持仓报告标准。（　　）
14. 交易者预期标的资产价格上涨，适合买进看跌期权。（　　）
15. 目前，中国金融期货交易所的成交量和持仓量数据按双边计算。（　　）
16. 行使申诉权是会员制交易所会员享有的权利。（　　）
17. 3月1日，大连商品交易所9月份大豆期货价格为3860元/吨，大豆现货价格为3800元/吨，此时大豆的基差为60元/吨。（　　）
18. 其他因素不变的情况下，预期未来利率水平下降，投资者可卖出利率期货合约，期待利率期货价格下跌后平仓获利。（　　）
19. 在其他条件不变的情况下，标的资产价格波动程度越大，期权价格越高。（　　）
20. 期货市场能够为政府制定宏观政策提供参考。（　　）

四、综合题（共20题，每小题1分，共20分）以下备选项中只有一项最符合题目要求，不选、错选均不得分。

1. 某投资者在上一交易日的可用资金余额为60万元，上一交易日的保证金占用额为22.5万元，当日保证金占用额为16.5万元，当日平仓盈亏为5万元，当日持仓盈亏为-2万元，当日出金为20万元。该投资者当日可用资金余额为（　　）万元。（不计手续费等费用）
A. 58　　　　B. 52　　　　C. 49　　　　D. 74.5

2. 某机构打算用3个月后到期的1000万资金购买等金额的A、B、C三种股票，现在这三种股票的价格分别为20元、25元和60元，由于担心股价上涨，则该机构采取买进股指期货合约的方式锁定成本。假定相应的期指为2500点，每点乘数为100元，A、B、C三种股票的β系数分别为0.9、1.1和1.3。则该机构需要买进期指合约（　　）张。
A. 44　　　　B. 36　　　　C. 40　　　　D. 52

3. 甲小麦贸易商拥有一批现货，并做了卖出套期保值。乙面粉加工商是甲的客户，需购进一批小麦，但考虑价格会下跌，不愿在当时就确定价格，而要求成交价后议。甲提议基差交易，提出确定价格的原则是比10月期货价低3美分/蒲式耳，双方商定给乙方20天时间选择具体的期货价。乙方接受条件，交易成立。试问如果两周后，小麦期货价格大跌，乙方执行合同，双方交易结果是（　　）。
A. 甲小麦贸易商不能实现套期保值目标
B. 甲小麦贸易商可实现套期保值目标

C. 乙面粉加工商不受价格变动影响
D. 乙面粉加工商遭受了价格下跌的损失

4. 4月1日，沪深300现货指数为3000点，市场年利率为5%，年指数股息率为1%，若交易成本总计为35点，则5月1日到期的沪深300股指期货（   ）。
   A. 在3069以上反向套利机会　　　　B. 在3010以上正向套利机会
   C. 在3034以上存在反向套利机会　　D. 在2975以下存在反向套利机会

5. 某投机者预测10月份大豆期货合约价格将上升，故买入10手大豆期货合约，成交价格为2030元/吨。可此后价格不升反降，为了补救，该投机者在2000元/吨的价格再次买入5手合约，当市价反弹到（   ）时才可以避免损失
   A. 2010元/吨　　B. 2020元/吨　　C. 2015元/吨　　D. 2025元/吨

6. 某投资者在2月份以500点的权利金买进一张5月份到期执行价格为21000点的恒指看涨期权，同时又以300点的权利金买进一张5月到期执行价格为20000点的恒指看跌期权。则该投资者的买入看涨期权和买入看跌期权盈亏平衡点分别为（   ）。（不计交易费用）
   A. 20500点；19700点　　　　B. 21500点；19700点
   C. 21500点；20300点　　　　D. 20500点；19700点

7. 某交易者以0.0106（汇率）的价格出售10张在芝加哥商业交易所集团上市的执行价格为1.590的GBD/USD美式看涨期货期权。则该交易者的盈亏平衡点为（   ）。
   A. 1.590　　B. 1.6006　　C. 1.5794　　D. 1.6112

8. 某加工商为了避免大豆现货价格风险，在大连商品交易所做买入套期保值，买入10手期货合约建仓，基差为-20元/吨，卖出平仓时的基差为-50元/吨，该加工商在套期保值中的盈亏状况是（   ）。
   A. 盈利3000元　　B. 亏损3000元　　C. 盈利1500元　　D. 亏损1500元

9. 5月初，某公司预计将在8月份借入一笔期限为3个月、金额为200万美元的款项。当时市场利率为9.75%，由于担心利率上升，于是在期货市场以90.30点卖出2张9月份到期的3个月欧洲美元期货合约（合约面值为100万美元，1个基本点是指数的0.01点，代表25美元）。到了8月份，9月份期货合约价格跌至8800点，该公司将其3个月欧洲美元期货合约平仓，同时以12%的利率借入200万美元。如不考虑交易费用。通过套期保值，该公司此项借款的利息支出相当于（   ）美元，其借款利率相当于（   ）%。
   A. 48500；9.7　　B. 11500；2.425　　C. 60000；4.85　　D. 97000；7.275

10. 假设年利率为6%，年指数股息率为1%，6月30日为6月股指货合约的交割日，4月1日，股票现货指数为1450点，如不考虑交易成本，其6月股指期货合约的理论价格为（   ）点。（小数点后保留两位）
    A. 1486.47　　B. 1537　　C. 1468.13　　D. 1457.03

11. 8月时，10月份的大豆期货价格为4000元/吨，现货市场价格为3900元/吨。持仓费用约为60元/吨，则套利者会（   ）。
    A. 买入大豆现货，并买入相应10月大豆期货

B. 买入大豆现货，并卖出相应 10 月大豆期货
C. 卖出大豆现货，并卖出相应 10 月大豆期货
D. 卖出大豆现货，并买入相应 10 月大豆期货

12. 执行价格为 450 美分/蒲式耳的玉米看涨和看跌期权，当标的玉米期货价格为 400 美分/蒲式耳时，看涨期权和看跌期权的内涵价值分别为（　　）美分/蒲式耳。
    A. 50；-50 B. -50；50 C. 0；50 D. 0；0

13. 某交易者以 23300 元/吨买入 5 月棉花期货合约 100 手，同时以 23500 元/吨卖出 7 月棉花期货合约 100 手，当两合约价格分别为（　　）时，将所持合约同时平仓，该交易者是亏损的。
    A. 5 月 23450 元/吨，7 月 23400 元/吨
    B. 5 月 23500 元/吨，7 月 23600 元/吨
    C. 5 月 23500 元/吨，7 月 23400 元/吨
    D. 5 月 23300 元/吨，7 月 23600 元/吨

14. 某美国投资者发现欧元的利率高于美元利率，于是他决定购买 50 万欧元以获高息，计划投资 3 个月，但又担心在这期间欧元对美元贬值。为避免欧元汇价贬值的风险，该投资者利用芝加哥商业交易所外汇期货市场进行空头套期保值，每手欧元期货合约为 12.5 万欧元。3 月 1 日，外汇即期市场上以 EUR/USD＝1.3432 购买 50 万欧元，在期货市场上卖出欧元期货合约的成交价为 EUH/USD＝1.3450，6 月 1 日，欧元即期汇率为 EUR/USD＝1.2120，期货市场上以成交价格 EUR/USD＝1.2101 买入对冲平仓，则该投资者（　　）。
    A. 盈利 18500 美元 B. 亏损 18500 美元
    C. 盈利 1850 美元 D. 亏损 1850 美元

15. 10 月 5 日，某投资者在大连商品交易所开仓卖出大豆期货合约 80 手，成交价为 2220 元/吨，当日结算价格为 2230 元/吨，交易保证金比例为 5%，则该客户当天须缴纳的保证金为（　　）元。
    A. 22300 B. 50000 C. 77400 D. 89200

16. 某交易者 7 月 30 日买入 1 手 11 月份小麦合约，价格为 7.6 美元/蒲式耳，同时卖出 1 手 11 月份玉米合约，价格为 2.45 美元/蒲式耳，9 月 30 日，该交易者卖出 1 手 11 月份小麦合约，价格为 7.45 美元/蒲式耳，同时买入 1 手 11 月份玉米合约，价格为 2.20 美元/蒲式耳，交易所规定 1 手＝5000 蒲式耳，则该交易者的盈亏状况为（　　）美元。
    A. 盈利 700 B. 亏损 700 C. 盈利 500 D. 亏损 500

17. 某香港投机者 5 月份预测大豆期货行情会继续上涨，于是在香港期权交易所买入 1 手（10 吨/手）9 月份到期的大豆期货看涨期权合约，期货价格为 2000 港元/吨，期权权利金为 20 港元/吨。到 8 月份时，9 月大豆期货价格涨到 2200 港元/吨，该投机者要求行使期权，于是以 2000 港元/吨买入 1 手 9 月大豆期货，并同时在期货市场上对冲平仓。那么，他总共盈利（　　）港元。
    A. 1000 B. 1500 C. 1800 D. 2000

18. 粮储公司购入 500 吨小麦，价格为 1 300 元/吨，为避免价格风险，该公司以 1 330 元/吨价格在郑州小麦 3 个月后交割的期货合约上做卖出套期保值并成交。2 个月后，该公司以 1260 元/吨的价格将该批小麦卖出，同时以 1270 元/吨的成交价格将持有的期货合约平仓。该公司该笔交易的结果（其他费用不计）为（ ）元。
    A. 亏损 50000   B. 盈利 10000   C. 亏损 3000   D. 盈利 20000
19. 某客户开仓卖出大豆期货合约 20 手，成交价格为 2020 元/吨，当天平仓 5 手合约，成交价格为 2030 元，当日结算价格为 2040 元/吨，则其当日平仓盈亏为（ ）元，持仓盈亏为（ ）元。
    A. -500；-3000   B. 500；31300
    C. -3000；-50   D. 3000；500
20. 某投机者买入 2 张 9 月份到期的日元期货合约，每张金额为 12500000 日元，成交价为 0.006835 美元/日元，半个月后，该投机者将两张合约卖出对冲平仓，成交价为 0.007030 美元/日元。该笔投机的结果是（ ）。
    A. 亏损 4875 美元   B. 盈利 4875 美元
    C. 盈利 1560 美元   D. 亏损 1560 美元

模拟试卷（二）参考答案及解析

一、单项选择题

1. 【答案】 D
【解析】规范的现代期货市场 19 世纪中期产生于美国芝加哥。
2. 【答案】 C
【解析】理事会是会员大会的常设机构，对会员大会负责，执行会员大会决议。
3. 【答案】 A
【解析】期货合约的标准化给期货交易带来极大的便利，交易双方不需要事先对交易的具体条款进行协商，从而节约了交易成本，提高了交易效率和市场流动性。
4. 【答案】 B
【解析】基差从 -30 到 -50，即走弱 20。进行卖出套期保值，如果基差走弱，两个市场盈亏相抵后存在净亏损。
5. 【答案】 B
【解析】建仓时，价差 = 价格高的月份 - 价格低的月份，本题中建仓时价差 = 8 月份价格 - 7 月份价格 = 13520 - 13420 = 100（元/吨）。选项 A 价差为 40 元/吨；选项 B 价差为 200 元/吨；选项 C 价差为 -50 元/吨；选项 D 价差为 -260 元/吨。因此，价差扩大的只有选项 B。
6. 【答案】 A
【解析】在其他因素不变的情况下，标的物市场价格的波动率越高，期权的价格也应该越高。
7. 【答案】 C

【解析】外汇期货卖出套期保值，又称外汇期货空头套期保值，是指在现汇市场上处于多头地位的交易者为防止汇率下跌，在外汇期货市场上卖出期货合约对冲现货的价格风险。

8．【答案】　C

【解析】沪深300股指期货以合约最后一小时成交价格，按照成交量的加权平均价作为当日的结算价。

9．【答案】　A

【解析】当存在期价高估时，交易者可通过卖出股指期货同时买入对应的现货股票进行套利交易，这种操作称为"正向套利"。

10．【答案】　C

【解析】国内期货交易所均采用计算机撮合成交方式。计算机交易系统一般将买卖申报单以价格优先、时间优先的原则进行排序。当买入价大于、等于卖出价则自动撮合成交，撮合成交价等于买入价（bp）、卖出价（sp）和前一成交价（cp）三者中居中的一个价格。由于4530＞4527＞4526，因此以前一成交价成交。

11．【答案】　C

【解析】股票由于不是有形商品，故不存在储存成本，其持有成本由资金占用成本和持有期内可能得到的股票分红红利两部分组成。其中股票分红红利是持有资产的收入，当将其看作成本时，只能是负值成本。资金占用成本减去持有期内股票分红红利，可得到净持有成本。

12．【答案】　A

【解析】在下降趋势线的下侧，说明未来价格有下降的趋势，因此卖出是正确的选择。

13．【答案】　D

【解析】道琼斯工业平均指数由30只股票组成。

14．【答案】　B

【解析】如果看涨期权的卖方要对冲了结其期权头寸，应买入相同期限、相同月份且执行价格相同的看涨期权。

15．【答案】　A

【解析】9月份天然橡胶期货盈利：29250－28175＝1075（元/吨）；11月份天然橡胶期货盈利＝28550－29550＝－1000（元/吨），所以盈利为75元/吨。

16．【答案】　B

【解析】点价交易是指以某月份的期货价格为计价基础，以期货价格加上或减去双方协商同意的升贴水来确定双方买卖现货商品价格的交易方式。

17．【答案】　B

【解析】本题中，该饲料厂进行的是买入套期保值。3月初，基差：2000－2060＝－60（元/吨）；5月中旬，基差＝2080－2190＝－110（元/吨）；基差走弱50元/吨，买入套期保值，基差走弱，则套期保值效果为：不完全套期保值，两个市场盈亏相抵后存在净盈利。

18．【答案】　A

【解析】实值期权是执行价格低于标的物市场价格的看涨期权和执行价格高于标的物市场价格的看跌期权。

19. 【答案】　A

【解析】涨跌停板制度是指期货合约在一个交易日中的价格波动幅度不得高于或者低于规定的涨跌幅度。

20. 【答案】　D

【解析】题干描述的是期货市场规避风险的功能。

21. 【答案】　B

【解析】卖出套期保值又称空头套期保值，是指套期保值者通过在期货市场建立空头头寸，预期对冲其目前持有的或者未来将卖出的商品或资产的价格下跌风险的操作。

22. 【答案】　B

【解析】在正向市场上，远月份的期货合约价格大于近月份的期货合约价格，因此在该题目中，7月份菜籽油期货合约的价格高于5月份菜籽油期货合约的价格。限价指令是以该价位或更优的价位成交。卖出7月份，买进5月份的合约，是属于牛市套利，在正向市场上相当于是卖出套利，只有在价差缩小时才能盈利，因此应该以更高的价差成交，以等待价差变小。故应该以100元/吨或高于100元/吨的价差成交。

23. 【答案】　C

【解析】期权的时间价值又称外涵价值，是指在权利金中扣除内涵价值的剩余部分。它是期权有效期内标的资产价格波动为期权持有者带来收益的可能性所隐含的价值。

24. 【答案】　B

【解析】芝加哥商业交易所（CME）的3个月欧洲美元期货合约的交割方式为现金交割。

25. 【答案】　B

【解析】对于股指期货来说，当出现期价低估时，交易者可通过买入股指期货的同时卖出对应的现货股票进行套利，这种操作称为"反向套利"。

26. 【答案】　C

【解析】波浪理论中一个完整的价格周期要经过8个过程，上升周期由5个上升过程（上升浪）和3个下降调整过程（调整浪）组成，下跌周期由5个下跌过程（下跌浪）和3个上升过程（调整浪）组成。

27. 【答案】　A

【解析】

9月15日	卖出10手1月份 小麦合约价格为950美分/蒲式耳	买入10手1月份 玉米合约价格为325美分/蒲式耳	价差625美分/蒲式耳
9月30日	买入10手1月份 小麦合约价格为935美分/蒲式耳	卖出10手1月份 玉米合约价格为350美分/蒲式耳	价差585美分/蒲式耳
每笔盈亏	盈利15美分/蒲式耳	盈利25美分/蒲式耳	价差缩小40美分/蒲式耳
总盈亏情况	净盈利＝15×50 000＋25×50 000＝2 000 000（美分）＝20 000（美元）		

28. 【答案】　A

【解析】当期货价格高于现货价格或者远期期货合约价格高于近期期货合约时，这种市场状态称为正向市场，此时基差为负值。当现货价格高于期货价格或者近期期货合约价格高于远期期货合约时，这种市场状态称为反向市场，或者逆转市场、现货溢价，此时基差为正值。基差＝现货价格－期货价格＝1700－1640＝60（元/吨），基差为正值，所以该市场是反向市场。

29.【答案】 C
【解析】该投资者平仓后盈亏＝（22800－22500）×50×3＝45000（港元）。

30.【答案】 B
【解析】期货保证金存管银行是由交易所指定，协助交易所办理期货交易结算业务的银行。

31.【答案】 A
【解析】生产经营者通过套期保值来规避风险，但套期保值并不是消灭风险，只是将其转移，转移出去的风险需要有相应的承担者，期货投机者正是期货市场的风险承担者。

32.【答案】 B
【解析】1975年，芝加哥期货交易所推出了第一张利率期货合约——国民抵押协会债券期货合约。

33. C【解析】1972年5月，芝加哥商业交易所（CME）设立了国际货币市场分部（IMM），首次推出包括英镑、加元、西德马克、法国法郎、日元和瑞士法郎等在内的外汇期货合约。外汇期货属于金融期货。

34.【答案】 A
【解析】道琼斯工业平均指数的英文缩写为DJIA。

35. A【解析】一般来说，距交割月份越近，交易者面临到期交割的可能性就越大，为了防止实物交割中可能出现的违约风险，促使不愿进行实物交割的交易者尽快平仓了结，交易保证金比率随着交割临近而提高。

36.【答案】 C
【解析】金字塔增仓应遵循以下两个原则：①只有在现有持仓已盈利的情况下，才能增仓；②持仓的增加应渐次递减。

37.【答案】 D
【解析】题干为正向市场上的牛市套利，因此价差缩小盈利。建仓时，价差＝2180－2090＝90（元/吨）；A选项价差为140元/吨；B选项价差为110元/吨；C选项价差为60元/吨；D选项价差为－50元/吨。D选项价差缩小得最多，因此选D。

38.【答案】 D
【解析】B期权是执行价格高于标的物市场价格的看跌期权，其为实值期权。B期权内涵价值＝执行价格－标的资产价格＝380－375＝5（美分/蒲式耳），B期权时间价值＝权利金－内涵价值＝15－5＝10（美分/蒲式耳）。

39.【答案】 C
【解析】看跌期权卖方损益与买方正好相反，买方的盈利即为卖方的亏损，买方的亏损即为卖方的盈利，看跌期权卖方能够获得的最高收益为卖出期权收取的权利金。

40. 【答案】 B

【解析】沪深 300 股指期货的最小变动价位为 0.2 点，意味着合约交易报价的指数点必须为 0.2 点的整数倍。

41. 【答案】 B

【解析】基本面分析主要包括宏观经济分析、供求分析和影响因素分析等相关内容，侧重于分析宏观性因素。

42. 【答案】 C

【解析】堪萨斯交易所 12 月份小麦期货合约每手获利 10 美分/蒲式耳（1250－1240），芝加哥期货交易所 12 月份小麦期货合约每手亏损 5 美分/蒲式耳（1255－1260），净获利 5 美分/蒲式耳。则该套利者盈利 ＝5×10×5000 ＝250000（美分）＝2500（美元）。

43. 【答案】 B

【解析】标的物市场价格的波动率越高，期权卖方的市场风险会随之增加，期权的价格也应该越高。

44. B【解析】标的物市场价格处于横盘整理或下跌，对看涨期权的卖方有利，如果预期标的物市场价格窄幅整理或下跌，可通过卖出看涨期权获利。

45. 【答案】 A

【解析】从题干可判断出该投资者进行的是熊市套利，在正向市场相当于买进套利，价差扩大盈利，所以成交的价差越小越好，这样价差扩大时才能盈利更多。应以小于或等于 3 的价格成交。

46. 【答案】 A

【解析】金字塔卖出方式的特点是，随着价格的降低，卖出的数量越来越少。

47. 【答案】 A

【解析】持仓费的高低与持有商品的时间长短有关。

48. B【解析】连续竞价制是指在交易所交易池内由交易者面对面地公开喊价，表达各自买进或卖出合约的要求。

49. 【答案】 A【解析】根据我国股指期货投资者适当性制度，自然人申请开户时保证金账户可用资金余额不低于人民币 50 万元。

50. 【答案】 C

【解析】为了维护期货交易的"公开、公平、公正"原则与期货市场的高效运行，对期货市场实施有效的风险管理，期货交易所制定了相关制度与规则＝主要包括：保证金制度、当日无负债结算制度、涨跌停板制度、持仓限额及大户报告制度、强行平仓制度、风险警示制度、信息披露制度等基本制度。

51. 【答案】 A

【解析】期货合约是指由期货交易所统一制定的、规定在将来某一特定的时间和地点交割一定数量和质量标的物的标准化合约。

52. 【答案】 B【解析】20 世纪 70 年代初发生的石油危机给世界石油市场带来巨大冲击，油价的剧烈波动直接导致了能源期货的产生。

53. C【解析】蝶式套利的具体操作方法是：买入（或卖出）较近月份合约，同时卖出

（或买入）居中月份合约，并买入（或卖出）较远月份合约。即同时下达3个指令。

54.【答案】 B

【解析】会员制期货交易所会员的基本权利包括：参加会员大会，行使表决权、申诉权；在期货交易所内进行期货交易，使用交易所提供的交易设施、获得期货交易的信息和服务；按规定转让会员资格，联名提议召开临时会员大会等。设计期货合约是期货交易所的重要职能之一。

55.【答案】 A

【解析】跨市套利也称市场间套利，是指在某个交易所买入（或卖出）某一交割月份的某种商品合约的同时，在另一个交易所卖出（或买入）同一交割月份的同种商品合约，以期在有利时机分别在两个交易所同时对冲所持有的合约而获利。选项B不是同一交割月份商品期货合约，选项C不是同一交割月份也不是同种商品的期货合约，且方向相同，选项D不是同一商品的期货合约。故选A。

56.【答案】 C

【解析】套利指令通常不需要标明买卖各个期货合约的具体价格，而是标注两个合约价差即可。

57.【答案】 D

【解析】如果双方不进行期转现交易，到期交割，则卖方以58100元/吨的价格卖出铜，需要花费400元/吨的交割成本，则铜价相当于58100－400＝57700（元/吨）。进行期转现交易方以57850元/吨平仓，以57650元/吨在现货市场上卖出铜，不需要支付交割成本，则铜价相当于57650＋（58100－57850）＝57900（元/吨）。则通过期转现，卖方可以多卖：57900－57700＝200（元/吨）。

58.【答案】 B

【解析】其中选项B：净盈利＝（67800－68 000）×2＋（69500－69300）×5＋（69700－69850）×3＝150（元），与题干相符。

59.【答案】 B

【解析】在反向市场上，近期合约价格大于远期，根据题干，即买进较近月份合约的同时卖出较远月份合约，此为牛市套利，在价差扩大时方能够盈利。

60.【答案】 C

【解析】当买入价大于、等于卖出价时则自动撮合成交，撮合成交价等于买入价（bp）、卖出价（sp）和前一成交价（cp）三者中居中的一个价格。当bP≥sp≥cp，则最新成交价＝sp。故选C。

二、多项选择题

1.【答案】 AD

【解析】在正向市场中，对商品期货而言，一般来说，当市场行情上涨且远期合约价格相对偏高时，若远期合约价格上升，近期合约价格也会上升，以保持与远期合约间正常的持仓费用关系，且近期合约的价格上升可能更多；当市场行情下跌时，远期合约的跌幅不会小于近期合约，因为远期合约对近期合约的升水通常不可能大于与近期合约间相差的持仓费。

2. 【答案】 BC

【解析】中长期国债通常是附有息票的附息国债,附息国债的付息方式是在债券期满之前,按照票面利率每半年(或每年、每季度)付息一次,最后一笔利息在期满之日与本金一起偿付。故 A 选项错误。短期国债通常采用贴现方式发行,到期按照面值进行兑付。故 D 选项错误。

3. 【答案】 AD

【解析】对于跨市套利,一般来说,交易的品种在各交易所间的价格会有一个稳定的差额,一旦这个稳定差额发生偏离,交易者就可通过买入价格相对较低的合约,卖出价格相对较高的合约而在这两个市场间套利,以期两市场价差恢复正常时平仓,获取利润。

4. 【答案】 ABC

【解析】会员制期货交易所会员资格的获取方式有多种,主要是:①以交易所创办发起人的身份加入;②接受发起人的资格转让加入;③接受期货交易所其他会员的资格转让加入;④依据期货交易所的规则加入。

5. 【答案】 ABCD

【解析】商品投资基金涉及商品基金经理、商品交易顾问、交易经理、期货佣金商和托管人等主体,部分风险的产生与这些主体的行为是有直接关联的。

6. 【答案】 AC

【解析】实际上,许多期货佣金商同时也是商品基金经理或交易经理。

7. 【答案】 ABCD

【解析】套利交易中模拟误差来自两个方面:①组成指数的成分股太多,短时期内买进或卖出太多股票有困难,并且准确模拟将使交易成本大大增加,对于一些成交不活跃的股票来说,买卖的冲击成本非常大;②股市买卖有最小单位的限制,很可能产生零碎股,也会引起模拟误差。

8. 【答案】 AC

【解析】阴线中,实体的上影线的长度表示最高价和开盘价之间的价差。

9. 【答案】 BD

【解析】虚值看涨期权的执行价格高于其标的资产价格,看跌期权的执行价格低于其标的资产价格。

10. 【答案】 BCD

【解析】买进看涨期权的运用主要有:①获取价差收益,当交易者认为标的物价格上涨可能性很大,可以通过买入看涨期权获得权利金价差收益;②追逐更大的杠杆效应;③限制卖出标的资产风险,持有标的物多头的交易者,当标的物价格上涨到一定程度后,担心标的物市场价格下跌而考虑持仓获利;④锁定现货成本,对冲标的资产价格风险,未来需购入现货的企业利用买进看涨期权进行保值、锁定成本。

11. 【答案】 AC

【解析】买卖期货合约数=现货总价值/股指期货合约价值×β系数。其中股指期货合约价值=期货指数点×每点乘数。从公式中不难看出:当现货总价值和期货合约的价值确定下来后,所需买卖的期货合约数就与β系数的大小有关,β系数越大,所需的期货合约数就越多；反之，则越少。

12. 【答案】 AC

【解析】β系数显示股票的价值相对于市场价值变化的相对大小。也称为股票的相对波动率。β系数大于1，说明股票比市场整体波动性高，因而其市场风险高于平均市场风险β系数小于1，说明股票比市场整体波动性低，因而其市场风险低于平均市场风险。股票组合的β系数比单个股票的β系数可靠性要高。

13. 【答案】 CD

【解析】期货的买卖方向与国债一致，买入期货意味着未来会买入国债，根据题目要求找到所有能在3个月后卖出国债的选项。选项A买入国债期货，3个月后投资者手里会持有更多的国债，与要求不符。选项B现在卖出6个月后交割的期货但3个月后买入等量的期货平仓，这与现在持有的国债没有关系。选项C、D符合题意。

14. 【答案】 AC

【解析】卖出看涨期权的最大收益是权利金。如果执行价格大于标的资产价格，买方放弃行权，卖方可赚取权利金。

15. 【答案】 ABC

【解析】证券公司不得代理客户进行期货交易、结算或交割，不得代期货公司、客户收付期货保证金，不得利用证券资金账户为客户存取、划转期货保证金。

16. 【答案】 AB

【解析】期权价格又称为权利金、期权费、保险费，是期权买方为获得按约定价格购买或出售标的资产的权利而支付给卖方的费用。权利金是买方可能遭受的最大损失，同时也是卖方的最大收益。

17. 【答案】 ABCD

【解析】期权多头可以通过对冲平仓、行权等方式将期权头寸了结，也可以持有期权至合约到期。

18. 【答案】 ABC

【解析】卖出看涨期权的目的：①获取权利金收入或权利金价差收益；②对冲标的资产多头；③增加标的资产多头的利润。

19. 【答案】 BCD

【解析】菜籽油、棕榈油和豆油是替代关系。

20. 【答案】 ABCD

【解析】期权的基本要素包括：期权的价格、标的资产、行权方向、行权方式、执行价格、期权到期日等。

21. 【答案】 ABCD

【解析】A、B、C、D四个选项均正确。

22. 【答案】 AC

【解析】交易者预期标的资产价格上涨而买入购买标的资产的权利被称为看涨期权。买进期货合约可以对冲标的资产价格上涨的风险，卖出期货合约可以对冲标的资产价格下跌的风险。

23. 【答案】 BC

【解析】基差＝现货价格－期货价格。

24. 【答案】 CD

【解析】期货合约中的标的物即为期货品种，期货品种既可以是实物商品，也可以是金融产品。标的物为实物商品的期货合约称作商品期货，标的物为金融产品的期货合约称作金融期货。

25. 【答案】 ABCD

【解析】一般而言，客户进行期货交易会涉及以下几个环节：开户、下单、竞价、结算和交割。

26. 【答案】 ABCD

【解析】期货交易的参与者众多，除了会员以外，还有他们所代表的众多的商品生产者、销售者、加工者、进出口商以及投机者等。

27. 【答案】 ABCD

【解析】标准仓单数量因交割、交易、转让、质押、注销等业务发生变化时，交易所收回原"标准仓单持有凭证"，签发新的"标准仓单持有凭证"。

28. 【答案】 AB

【解析】牛市套利是指当市场出现供给不足、需求旺盛或者远期供给相对旺盛的情形，导致较近月份合约价格上涨幅度大于较远月份合约价格的上涨幅度，或者较近月份合约价格下降幅度小于较远月份合约价格的下跌幅度，无论是正向市场还是反向市场，在这种情况下，买入较近月份的合约同时卖出较远月份的合约进行套利，盈利的可能性比较大。

29. 【答案】 ACD

【解析】期货市场在宏观经济中的作用包括：①提供分散、转移价格风险的工具，有助于稳定国民经济；②为政府制定宏观经济政策提供参考依据；③促进本国经济的国际化；⑧有助于市场经济体系的建立与完善。

30. 【答案】 ABC

【解析】期货价差套利根据所选择的期货合约的不同，又可分为跨期套利、跨品种套利和跨市套利。

31. 【答案】 AC

【解析】合约名称注明了该合约的品种名称及其上市交易所名称。

32. 【答案】 ABC

【解析】题干为正向市场上的牛市套利，因此价差缩小盈利：建仓时，价差＝9780－9710＝70（元/吨），因此价差小于70元/吨即盈利。选项A、B、C价差均小于70元/吨。

33. 【答案】 ABCD

【解析】期转现的交易流程：①寻找交易对手；②交易双方商定价格；③向交易所提出申请；④交易所核准；⑤办理手续；⑥纳税。

34. 【答案】 BD

【解析】看跌期权是指期权的买方向卖方支付一定数额的期权费后，便拥有了在合约有效期内或特定时间，按执行价格向期权卖方出售一定数量标的物的权利，但不负有必须出售的义务。

35.【答案】 ABCD
【解析】以上四个选项均为套期保值操作中面临的风险。

36.【答案】 AC
【解析】卖出看跌期权的目的包括：①为获得价差收益或权利金收益；②对冲标的资产多头；③增加标的资产多头的利润。

37.【答案】 ABC
【解析】权益类期权包括股票期权、股指期权，以及股票与股票指数的期货期权。选项C属于股票期权中的一种。

38.【答案】 BC
【解析】开盘价由集合竞价产生。开盘价集合竞价在某品种某月份合约每一交易日开市前5分钟内进行。其中，前4分钟为期货合约买、卖价格指令申报时间，后1分钟为集合竞价撮合时间，开市时产生开盘价。夜盘交易合约开盘集合竞价在每一交易日夜盘开市前5分钟内进行，日盘不再集合竞价。

39.【答案】 AC
【解析】担心利率下降时，可以通过买入套期保值。故选项A、C正确。

40.【答案】 ACD
【解析】公式，当日盈亏＝平仓盈亏＋持仓盯市盈亏，其中，平仓盈亏＝平历史仓盈亏＋平当日仓盈亏，持仓盯市盈亏：历史持仓盈亏＋当日持仓盈亏，选项A、C、D均符合题意。

三、判断题

1.【答案】 A
【解析】题干表述正确。

2.【答案】 B
【解析】棉花大幅增产，该交易者会担心棉花市场价格下跌，因而有可能卖出套期保值。

3.【答案】 A
【解析】会员大会是会员制期货交易所的权力机构，由全体会员组成。

4.【答案】 B
【解析】机构投机者是指用自有资金或者从分散的公众手中筹集的资金专门进行期货投机活动的机构。个人投机者则是指以自然人身份从事期货投机交易的投机者。

5.【答案】 A
【解析】上海期货交易所上市交易的主要品种有铜、铝、锌、铅、螺纹钢、线材、天然橡胶、黄金、燃料油期货等。

6.【答案】 A
【解析】理论上，期货价格和现货价格之间的价差主要反映持仓费的大小。但现实中，期货价格与现货价格的价差并不绝对等同于持仓费，有时高于或低于持仓费。当价差与持仓费出现较大偏差时，就会产生期现套利机会。

7. 【答案】 B

【解析】看跌期权的买方在行权后向期权的卖方出售一定数量的标的物，所以应该是空头。

8. 【答案】 A

【解析】盈亏完全冲抵是一种理想化的情形，现实中两者变动幅度并不完全一致，从而影响套期保值的效果，导致不完全套期保值或非理想套期保值。

9. 【答案】 B

【解析】场外期权的交易品种多样、形式灵活、规模巨大。

10. 【答案】 B

【解析】最早的金属期货交易诞生于英国。

11. 【答案】 A

【解析】题干表述正确。

12. 【答案】 B

【解析】金字塔式建仓是一种增加合约仓位的方法，即如果建仓后市场行情走势与预期相同并已使投机者获利，可增加持仓。

13. 【答案】 B

【解析】期货公司会员、非期货公司会员、一般客户分别适用不同的持仓限额以及持仓报告标准。

14. 【答案】 B

【解析】期权的买方预期标的资产价格上涨而买入购买标的资产的权利，即买权，所以买权也被称为看涨期权。标的物市场价格上涨得越多，买方行权可能性越大行权买入标的物后获取收益的可能性越大、获利可能越多。

15. 【答案】 B

【解析】目前，国内三家商品期货交易所的成交量和持仓量数据均按双边计算，中国金融期货交易所的成交量和持仓量数据按单边计算。

16. 【答案】 A

【解析】题干表述正确。

17. 【答案】 B

【解析】基差 = 现货价格 − 期货价格 = 3800 − 3860 = −60（元/吨）。

18. 【答案】

【解析】若投机者预期未来利率水平将下降，利率期货价格将上涨，便可买入期货合约，期待利率期货价格上涨后平仓获利。

19. 【答案】 A

【解析】标的资产价格的波动率越高，期权的价格也应该越高。

20. 【答案】 A

【解析】期货市场在宏观经济中的作用之一是为政府制定宏观经济政策提供参考依据。

四、综合题

1. 【答案】 C

【解析】可用资金 = 客户权益 - 保证金占用 = 60 - 20 + 5 - 2 + 22.5 - 16.5 = 49（万元）。

2. 【答案】 A

【解析】该组合的 $\beta = X_1\beta_1 + X_2\beta_2 + \cdots + X_n\beta_n = 0.9 \times 1/3 + 1.1 \times 1/3 + 1.3 \times 1/3 = 1.1$，需要买进期货合约数量 = 现货总价值 ÷（期货指数点 × 每点乘数）× β = 10 000 000/（2 500 × 100）× 1.1 = 44（张）。

3. 【答案】 B

【解析】因为甲做的卖出套期保值，所以期货价格下跌，甲实现套期保值目标，根据合同约定，期货价格下跌对乙也是有利的。

5. 【答案】 B

【解析】根据金字塔式建仓原则，投资者开仓一直在买入，可算出持仓的均价为：（2030 × 10 + 2000 × 5）/（10 + 5）= 2020（元/吨）。当价格反弹到均价时，该投机者卖出平仓既不亏损又不盈利；当价格在均价之上时，该投机者可盈利；在均价之下，则亏损。

6. 【答案】 B

【解析】买入看涨期权的损益平衡点为：执行价格 + 权利金。买入看跌期权的损益平衡点为：执行价格 - 权利金。所以投资者买入看涨期权和买入看跌期权的损益平衡点分别为：21000 + 500 = 21500（点）；20000 - 300 = 19700（点）。

7. 【答案】 B

【解析】卖出看涨期权的盈亏平衡点为：执行价格 + 权利金 = 1.590 + 0.0106 = 1.6006。

8. 【答案】 A

【解析】买入套期保值基差走弱盈利，本题中基差由 -20 到 -50，基差走弱 -30，所以盈利 30 元/吨。大豆合约 10 吨/手，盈利 = 10 × 10 × 30 = 3000（元）。

9. 【答案】 A

【解析】期货市场盈利 = 2 ×（90.3 - 88）× 100 × 25 = 1.15（万美元），实际借款利息成本 = 200 × 12% × 3/12 - 1.15 = 4.85（万美元），实际借款利率 =（4.85/200）× 12/3 × 100% = 9.7%。

10. 【答案】 C

【解析】股指期货理论价格：$F(t, T) = S(t)[1 + (r - d) \times (T - t)/365]$ = 1450 × [1 +（6% - 1%）× 3/12] ≈ 1468.13（点）。

11. 【答案】 B

【解析】8 月时，持仓费用为 60 元/吨，而期货价格比现货价格高 100 元/吨。期货价格被高估或现货价格被低估，可卖出期货买入现货，进行套利。（注意：卖出被高估的，买入被低估的）。

12. 【答案】 C

【解析】看涨期权，由于执行价格高于标的物市场价格，所以为虚值期权，内涵价值为 0，看跌期权的内涵价值 = 450 - 400 = 50（美分/蒲式耳）。

13. 【答案】 D

【解析】选项A：5月盈利=23450-23300=150（元/吨）；7月盈利：23500-23400=100（元/吨）；总盈利=250（元/吨）。选项B：5月盈利=23500-23300=200（元/吨）；7月盈利=23500-23600=-100（元/吨），总盈利=100（元/吨）。选项C：5月盈利：23500-23300=200（元/吨）；7月盈利=23500-23400=100（元/吨）；总盈利=300（元/吨）。选项D：5月盈利=0（元/吨）；7月盈利=23500-23600=-100（元/吨）；总亏损=100（元/吨）。

14. 【答案】 C

【解析】即期市场上：3月1日，购买50万欧元，付出=1.3432×50=67.16（万美元）；6月1日，卖出50万欧元，得到=1.2120×50=60.6（万美元），共计损失6.56万美元 期货市场上：卖出价格比买入价格高，1.3450-1.2101=0.1349，即1349点，每点的合约价值为12.5美元，4手合约共获利：12.5×4×1349=6.745（万美元），综合来说，该投资者盈利0.185万美元，即1850美元。

15. 【答案】 D

【解析】当日交易保证金=当日结算价×当日交易结束后的持仓总量×交易保证金比例。大连商品交易所大豆期货交易单位为10吨/手，因此该投资者当天须缴纳的保证金=2230×（80×10）×5%=89200（元）。

16. 【答案】 C

【解析】小麦合约盈亏状况：7.45-7.60=-0.15（美元/蒲式耳），即亏损0.15美元/蒲式耳；玉米合约盈亏状况：2.45-2.20=0.25（美元/蒲式耳），即盈利0.25美元/蒲式耳；总盈亏：（0.25-0.15）×5000=500（美元）。

17. 【答案】 C

【解析】投资者买入看涨期权的标的物大豆期货合约的实际成本为：2000+20=2020（港元/吨）；投资者执行看涨期权后在期货市场上平仓收益为：（2200-2020）×10=1800（港元）。

18. 【答案】 B

【解析】该公司期货市场上的盈利为60元/吨，现货市场上的亏损为40元/吨，因此其净盈利为20元/吨，共实现盈利：20×500=10000（元）。

19. 【答案】 A

【解析】平仓盈亏=（2020-2030）×5×10=-500（元）；持仓盈亏=（2020-2040）×15×10=-3000（元）。

20. 【答案】 B

【解析】计算如下：（0.007030-0.006835）×2×12500000=4875（美元）。在不计算手续费的情况下，该投机者该笔期货的投机交易获利4875美元。

全国期货从业人员执业资格考试热题库

《期货基础知识》模拟试卷（三）

一、单项选择题（共60题，每小题0.5分，共30分）以下备选项中只有一项最符合题目要求，不选、错选均不得分。

1. 1972年5月，芝加哥商业交易所（CME）推出（   ）交易。
   A. 股指期货　　　B. 利率期货　　　C. 股票期货　　　D. 外汇期货

2. 1882年CBOT允许（   ），大大增加了期货市场的流动性。
   A. 会员入场交易　　　　　　　B. 全权会员代理非会员交易
   C. 结算公司介入　　　　　　　D. 以对冲合约的方式了结持仓

3. 2006年9月，（   ）成立，标志着中国期货市场进入商品期货与金融期货共同发展的新阶段。
   A. 中国期货保证金监控中心　　B. 中国金融期货交易所
   C. 中国期货业协会　　　　　　D. 中国期货投资者保障基金

4. 2015年3月28日，中国金融期货交易所可供交易的沪深300股指期货合约应该有（   ）。
   A. 1F1503 1F1504 1F1505 1F1506　　　B. 1F1504 1F1505 1F1506 1F1507
   C. 1F1504 1F1505 1F1506 1F1508　　　D. 1F1503 1F1504 1F1506 1F1509

5. 上海期货交易所的铜、铝等期货价格已经成为该类商品现货贸易的定价依据，这充分体现了期货市场的（   ）功能。
   A. 价格发现　　　B. 资产配置　　　C. 规避风险　　　D. 套期保值

6. 若其他条件不变，铜消费市场不景气，上海期货交易所铜期货价格（   ）。
   A. 将随之上升　　　　　　　　B. 将随之下降
   C. 保持不变　　　　　　　　　D. 变化方向无法确定

7. 期货交易有（   ）和到期交割两种履约方式。
   A. 背书转让　　　B. 对冲平仓　　　C. 货币交割　　　D. 强制平仓

8. 远期合约的最终履约方式为（   ）。
   A. 对冲了结　　　B. 实物交割　　　C. 现金交割　　　D. 净额交割

9. 下列关于期权交易的表述中，正确的是（   ）。
   A. 交易发生后，买方可以行使权利，也可以放弃权利
   B. 交易发生后，卖方可以行使权利，也可以放弃权利
   C. 买卖双方均需支付权利金
   D. 买卖双方均需缴纳保证金

10. 实践中常用期货给（   ）进行套期保值。

A. 期权　　　　　B. 互换　　　　　C. 外汇掉期　　　D. 远期协议
11. 期货市场可对冲现货市场风险的原理是（　　）。
    A. 期货与现货的价格变动趋势相同，且临近交割日，价格波动幅度扩大
    B. 期货与现货的价格变动趋势相同，且临近交割日，价格波动幅度缩小
    C. 期货与现货的价格变动趋势相反，且临近交割日，价差扩大
    D. 期货与现货的价格变动趋势相同，且临近交割日，价差缩小
12. 互换交易主要通过（　　）方式撮合成交。
    A. 公开竞价　　B. 人工询价　　C. 交易所标价　　D. 电子交易系统
13. 在我国期货市场中，下列关于实物交割的说法中错误的是（　　）。
    A. 在实践中，可以有不同形式的标准仓单
    B. 标准仓单经交割仓库注册后生效
    C. 标准仓单是指交割仓库开具并经期货交易所认定的标准化提货凭证
    D. 在实物交割的具体实施中，买卖双方并不是直接进行实物商品的交收，而是交收代表商品所有权的标准仓单
14. 期货交易的对象是（　　）。
    A. 仓库标准仓单　B. 现货合同　　C. 标准化合约　　D. 厂库标准仓单
15. 期货合约与远期现货合约的根本区别在于（　　）。
    A. 期货合约具有保值功能　　　　B. 期货合约是标准化合约
    C. 期货合约价格连续变动　　　　D. 期货合约确定了交割月份
16. 非会员单位只能通过期货公司会员进行期货交易，体现了期货交易的（　　）特征。
    A. 双向交易　　B. 交易集中化　　C. 杠杆机制　　D. 合约标准化
17. 期货交易中的"杠杆交易"产生于（　　）制度。
    A. 无负债结算　B. 强行平仓　　C. 涨跌平仓　　D. 保证金
18. 绝大部分期货交易都可以免除履约责任，这是因为期货交易具有（　　）的特点。
    A. 集中化交易　　　　　　　　　B. 当日无负债结算
    C. 保证金交易　　　　　　　　　D. 对冲了结
19. 根据套利者对不同合约月份中近月合约与远月合约买卖方向的不同，跨期套利可分为三类，其中不包括（　　）。
    A. 牛市套利　　B. 熊市套利　　C. 蝶式套利　　D. 买入套利
20. 期货市场近似于（　　）市场。
    A. 寡头　　　　B. 垄断竞争　　C. 完全垄断　　D. 完全竞争
21. 套期保值是通过建立（　　）机制，以规避价格波动风险的一种交易方式。
    A. 期货市场与现货市场之间盈亏冲抵　B. 以小博大的杠杆
    C. 期货市场代替现货市场　　　　　　D. 买空卖空的双向交易
22. 面值为 1000000 美元的 3 个月期国债，按照 8% 的年贴现率发行，则其发行价为（　　）。
    A. 980000 美元　B. 960000 美元　C. 920000 美元　D. 940000 美元

23. 关于期货交易与远期交易的描述，以下正确的是（ ）。
    A. 两者信用风险都较小
    B. 交易对象都是合同，交易双方通过一对一谈判达成交易
    C. 远期合同与期货合同都具有较好的流动性，所以形成的价格都具有权威性
    D. 期货交易是在远期交易的基础上发展起来的

24. 国债基差的计算公式为（ ）。
    A. 国债基差 = 国债现货价格 – 国债期货价格 × 转换因子
    B. 国债基差 = 国债现货价格 + 国债期货价格 × 转换因子
    C. 国债基差 = 国债现货价格 – 国债期货价格/转换因子
    D. 国债基差 = 国债现货价格 + 国债期货价格/转换因子

25. 某大豆经销商，3个月后要采购300吨大豆，为了规避价格风险，买入3个月后到期的大豆期货合约，下列说法中正确的是（ ）。
    A. 若大豆价格下跌，则期货市场投资收益为正
    B. 若大豆价格上涨，则期货市场投资收益为正
    C. 若大豆价格不变，则不需对期货合约做任何操作
    D. 大豆现货市场与大豆期货市场的损益正好抵补

26. 期货市场价格是在公开、公平、高效、竞争的期货交易运行机制下形成的，对该价格的特征表述不正确的是（ ）。
    A. 该价格具有保密性   B. 该价格具有预期性
    C. 该价格具有连续性   D. 该价格具有权威性

27. 期货市场具有价格发现的功能，下列叙述中错误的是（ ）。
    A. 期货交易的参与者众多，供求双方意愿得以真实体现
    B. 期货交易反映多数人的预测，接近真实的供求变动趋势
    C. 期货交易透明度高，竞争公开化、公平化
    D. 期货交易是供求双方充分协商的结果

28. 中期国债是指偿还期限在（ ）的国债。
    A. 1～3年   B. 1～5年   C. 1～10年   D. 10年以上

29. 目前，世界上最具影响力的能源产品交易所是（ ）。
    A. 纽约商业交易所   B. 芝加哥期货交易所
    C. 伦敦国际石油交易所   D. 纽约商品交易所

30. （ ）的集中化和组织化，为期货交易的产生和期货市场的形成奠定了基础。
    A. 即期现货交易   B. 商品交易
    C. 远期现货交易   D. 期权交易

31. 芝加哥期货交易所引进了远期合同，其原因是（ ）。
    A. 农产品价格不稳定   B. 铜价波动
    C. 石油价格波动   D. 汇率价格波动

32. 最早出现的商品期货是（ ）。
    A. 金属期货   B. 农产品期货   C. 能源期货   D. 金融期货

33. 农产品期货是指以农产品为标的物的期货合约。下列不是以经济作物作为期货标的物的农产品期货是（　　）。
    A. 棉花　　　　　B. 咖啡　　　　　C. 可可　　　　　D. 小麦

34. 在利率期货套利中，一般地，市场利率上升，标的物期限较长的国债期货合约价格的跌幅（　　）期限较短的国债期货合约价格的跌幅。
    A. 等于　　　　　B. 小于　　　　　C. 大于　　　　　D. 不确定

35. （　　）期货是大连商品交易所推出的期货品种。
    A. 白糖　　　　　B. 棉花　　　　　C. 焦煤　　　　　D. 玻璃

36. 公司制期货交易所股东大会的常设机构是（　　），行使股东大会授予的权力。
    A. 监事会　　　　B. 董事会　　　　C. 理事会　　　　D. 经理部门

37. 当一种期权处于深度实值状态时，市场价格变动使它继续增加内涵价值的可能性_____，使它减少内涵价值的可能性_____。（　　）
    A. 极小；极小　　B. 极大；极大　　C. 很小；较大　　D. 较大；极小

38. 下列关于郑州商品交易所的表述，正确的有（　　）。
    A. 是公司制期货交易所
    B. 菜籽油和棕榈油均是其上市品种
    C. 以营利为目的
    D. 会员大会是其最高权力机构

39. 以某一期货合约最后1小时成交价格按照成交量的加权平均价作为当日结算价的期货交易所为（　　）。
    A. 郑州商品交易所
    B. 大连商品交易所
    C. 上海期货交易所
    D. 中国金融期货交易所

40. 中国金融期货交易所采取（　　）结算制度。
    A. 全员　　　　B. 会员分类　　　　C. 综合　　　　D. 会员分级

41. 关于我国三家商品期货交易所结算制度的说法，正确的是（　　）。
    A. 交易所会员既是交易会员也是结算会员
    B. 区分结算会员与非结算会员
    C. 设立独立的结算机构
    D. 期货交易所直接对所有客户进行结算

42. 买入套期保值是指套期保值者通过在期货市场建立多头头寸，预期对冲其现货商品或资产空头，或者未来将（　　）的商品或资产的价格上涨风险的操作。
    A. 买入　　　　B. 卖出　　　　C. 转赠　　　　D. 互换

43. （　　）是全球金属期货的发源地。
    A. 伦敦金属交易所
    B. 纽约商业交易所
    C. 东京工业品交易所
    D. 上海期货交易所

44. 世界首家现代意义上的期货交易所是（　　）。
    A. LME　　　　B. COMEX　　　　C. CME　　　　D. CBOT

45. 依据《期货交易管理条例》，我国期货经纪公司的注册资本金须（　　）万元人民币。
    A. 高于5000　　B. 高于3000　　C. 不低于3000　　D. 不低于5000

46. 改革开放以来，（　　）标志着我国期货市场起步。
    A. 郑州粮食批发市场以现货交易为基础，引入期货交易机制
    B. 深圳有色金属交易所成立
    C. 上海金属交易所开业
    D. 第一家期货经纪公司成立

47. 影响出口量的因素不包括（　　）。
    A. 国际市场供求状况　　　　B. 内销和外销价格比
    C. 国内消费者人数　　　　　D. 汇率

48. 代理客户进行期货交易并收取交易佣金的是（　　）业务。
    A. 风险管理　　B. 资产管理　　C. 期货经纪　　D. 期货投资咨询

49. 关于期货公司资产管理业务，资产管理合同应明确约定（　　）。
    A. 由期货公司分担客户投资损失　　B. 由期货公司承诺投资的最低收益
    C. 由客户自行承担投资风险　　　　D. 由期货公司承担投资风险

50. 证券公司受期货公司委托从事中间介绍业务时，可（　　）。
    A. 协助办理开户手续　　　　B. 代客户收付期货保证金
    C. 代客户进行期货结算　　　D. 代客户进行期货交易

51. 在我国期货公司中，对期货公司经营管理行为的合法合规性进行审查、稽核的部门是（　　）。
    A. 结算部门　　B. 合规部门　　C. 财务部门　　D. 交易部门

52. 1990年10月2日，伊拉克入侵科威特，国际市场上石油价格暴涨，这属于（　　）对期货价格的影响。
    A. 经济波动和周期　　　　B. 金融货币因素
    C. 心理因素　　　　　　　D. 政治因素

53. 我国期货公司须建立以（　　）为核心的风险监控体系。
    A. 净资本　　B. 负债率　　C. 净资产　　D. 资产负债比

54. 首席风险官是负责对期货公司经营管理行为的合法合规性和风险管理状况进行监督检查的期货公司高级管理人员，向期货公司（　　）负责。
    A. 董事会　　B. 部门经理　　C. 监事会　　D. 总经理

55. 跨期套利是围绕（　　）的价差而展开的。
    A. 不同交易所、同种商品、相同交割月份的期货合约
    B. 同一交易所、不同商品、不同交割月份的期货合约
    C. 同一交易所、同种商品、不同交割月份的期货合约
    D. 同一交易所、不同商品、相同交割月份的期货合约

56. 下列情形中，适合采取卖出套期保值策略的是（　　）。
    A. 加工制造企业为了防止日后购进原材料时价格上涨
    B. 供货方已签订供货合同，但尚未购进货源，担心日后购进货源时价格上涨
    C. 需求方仓库已满，不能买入现货，担心日后购进现货时价格上涨
    D. 储运商手头有库存现货尚未出售，担心日后出售时价格下跌

57. 期货公司的职能不包括（　　）。
    A. 对客户账户进行管理，控制客户交易风险
    B. 为客户提供期货市场信息
    C. 根据客户指令代理买卖期货合约
    D. 担保交易履约

58. 目前，我国已引入 IB 制度，由（　　）担任期货公司的介绍经纪人，为其提供中间介绍业务。
    A. 资产评估机构　　　　　　　　B. 计算机构
    C. 银行　　　　　　　　　　　　D. 券商

59. （　　），我国第一家期货经纪公司成立。
    A. 1992 年 9 月　　B. 1993 年 9 月　　C. 1994 年 9 月　　D. 1995 年 9 月

60. 我国对期货公司业务实行（　　）制度。
    A. 许可　　　　B. 审批　　　　C. 核准　　　　D. 注册

二、多项选择题（本大题共 40 小题，每小题 1 分。共 40 分。在以下各小题所给出的四个选项中。至少有两个选项符合题目要求，请将正确选项的代码填入括号内）

1. （　　）可以作为金融期货的标的。
    A. 利率工具　　　B. 外汇　　　C. 股票　　　D. 股票指数

2. 关于集合竞价的原则，正确的是（　　）。
    A. 低于集合竞价产生的价格的卖出申报全部成交
    B. 低于集合竞价产生的价格的买入申报全部成交
    C. 等于集合竞价产生的价格的买入或卖出申报，根据买入申报量和卖出申报量的多少，按少的一方的申报量成交
    D. 高于集合竞价产生的价格的卖出申报全部成交

3. 现代意义上的期货市场产生的标志是（　　）。
    A. 允许以对冲方式免除履约责任　　　　B. 实行了保证金制度
    C. 推出了标准化合约　　　　　　　　　D. 引进了远期合同

4. （　　），将使买入套期保值者出现亏损。
    A. 正向市场中，基差变大　　　　　　　B. 正向市场中，基差变小
    C. 反向市场中，基差变大　　　　　　　D. 反向市场中，基差变小

5. 外汇期货和外汇远期的主要差异有（　　）。
    A. 保证金制度不同　　　　　　　　　　B. 信用风险不同
    C. 交易场所不同　　　　　　　　　　　D. 结算方式不同

6. 某食用油压榨企业，为保证其原料大豆的来源和质量，选择了期货市场实物交割，这是由于（　　）。
    A. 期货交割的品种质量有严格规定　　　B. 期货交易与现货交易的交易对象不同
    C. 期货交易履约有保证　　　　　　　　D. 期货价格低于现货价格

7. 由于（　　）等原因，使远期交易面临着较大风险和不确定性。
   A. 结算机构担保履约
   B. 市场价格趋涨，卖方不愿按原定价格交货
   C. 买方资金不足，不能如期付款
   D. 远期合同不易转让
8. 关于期货交易的正确描述是（　　）。
   A. 期货交易实行当日无负债结算制度
   B. 期货交易以公开竞价的方式集中进行
   C. 期货交易的对象均为实物商品
   D. 期货交易实行保证金制度
9. 关于期货交易中"买空卖空"。描述正确的有（　　）。
   A. 投资者不拥有合约标的物依然可以卖出建仓
   B. 卖空是以卖出期货合约作为交易的开端
   C. 投资者不拥有合约则不可以卖出建仓
   D. 买空是以买入期货合约作为交易的开端
10. 下列关于看涨期权内涵价值的说法中，正确的是（　　）。
    A. 标的物的市场价格等于执行价格时，内涵价值等于零
    B. 标的物的市场价格超过执行价格越多，内涵价值越大
    C. 标的物的市场价格小于执行价格时，内涵价值小于零
    D. 标的物的市场价格大于执行价格时，内涵价值大于零
11. 下列关于期货交易，说法正确的是（　　）。
    A. 期货合约不具有内在价值，故不能长期持有
    B. 期货市场的本质属性并非是获取投资收益
    C. 期货交易是一种以小博大的杠杆交易
    D. 期货交易有做空机制
12. 现货交易、远期交易、期货交易三者之间的联系包括（　　）。
    A. 远期交易属于现货交易，是即期现货交易在时间上的延伸
    B. 期货交易属于现货交易，是现货交易在时间上的延伸
    C. 期货交易与远期交易有相似之处，主要表现在两者均为买卖双方约定于未来某一特定时间以约定价格买入或卖出一定数量的商品
    D. 期货交易是一种高级的交易方式，它以现货交易为基础
13. 下列外汇市场工具中，能够对冲汇率风险的有（　　）。
    A. 外汇现货　　B. 外汇期货　　C. 外汇掉期　　D. 外汇期权
14. 期权交易中，投资者了结的方式包括（　　）。
    A. 到期放弃权利　　B. 对冲　　C. 行使权力　　D. 实物交割
15. 期货与互换的区别有（　　）。
    A. 成交方式不同　　　　　　　　B. 盈亏特点不同
    C. 标准化程度不同　　　　　　　D. 合约双方关系不同

16. 升贴水与两种货币的利率差密切相关，则下列描述中正确的有（　　）。
    A. 利率较高的货币远期汇率表现为贴水
    B. 利率较低的货币远期汇率表现为贴水
    C. 利率较高的货币远期汇率表现为升水
    D. 利率较低的货币远期汇率表现为升水

17. 假设其他条件不变，我国东北灾害性天气的出现，将对下列哪些期货合约价格造成影响？（　　）
    A. 玉米　　　　　B. 天然橡胶　　　　C. 白糖　　　　　D. 大豆

18. 下列情形中，适用榨油厂利用大豆期货进行买入套期保值的有（　　）。
    A. 榨油厂已签订大豆购货合同，确定了交易价格
    B. 榨油厂预计三个月后购买一批大豆，价格尚未确定，担心大豆价格上涨
    C. 库存已满无法购进大豆，担心未来大豆价格上涨
    D. 大豆现货价格远远低于期货价格

19. 利用期货市场进行套期保值，有助于生产经营者（　　）。
    A. 实现预期利润　　　　　　　　　B. 锁定生产成本
    C. 平抑现货市场的价格波动　　　　D. 规避现货市场的价格风险

20. 期货交易的功能包括（　　）。
    A. 获得实物　　　B. 规避风险　　　C. 价格发现　　　D. 让渡商品的所有权

21. 下列有关期货市场的规避风险功能，说法正确的有（　　）。
    A. 规避价格风险说明期货交易本身没有价格风险
    B. 期货交易的目的是追求期货市场上的盈利
    C. 其要义所在是，实现以一个市场上的盈利抵补另一个市场上的亏损
    D. 规避风险并不代表能消灭风险

22. 金融期货的种类不包括（　　）。
    A. 农产品期货　　B. 股指期货　　　C. 金属期货　　　D. 外汇期货

23. 在正向市场上，投资者预期较近月份合约价格的（　　）适合进行牛市套利。
    A. 上涨幅度小于较远月份合约价格的上涨幅度
    B. 下跌幅度小于较远月份合约价格的下跌幅度
    C. 下跌幅度大于较远月份合约价格的下跌幅度
    D. 上涨幅度大于较远月份合约价格的上涨幅度

24. 关于沪深300股指期货交易规则中关于交易指令的规定，下列说法中正确的有（　　）。
    A. 交易指令每次最小下单数量为1手
    B. 市价指令每次最大下单数量为50手
    C. 限价指令每次最大下单数量为100手
    D. 市价指令每次最大下单数量为150手

25. 下列关于股指期货期现套利交易的表述中，正确的有（　　）。
    A. 正向套利是指买进股票指数所对应的一揽子股票，同时卖出指数期货合约

B. 反向套利是指卖出股票指数所对应的一揽子股票，同时买进指数期货合约
C. 利用股指期货的市场价格与理论价格差异，同时在期货和现货市场进行反向交易
D. 股指期货价格高估时适合进行反向套利、股指期货价格低估时适合进行正向套利

26. 在外汇掉期交易中，如果发起方近端买入、远端卖出，则下列公式正确的有（　　）。
    A. 近端掉期全价 = 即期汇率的做市商卖价 + 近端掉期点的做市商卖价
    B. 近端掉期全价 = 即期汇率的做市商买价 + 近端掉期点的做市商买价
    C. 远端掉期全价 = 即期汇率的做市商卖价 + 远端掉期点的做市商买价
    D. 远端掉期全价 = 即期汇率的做市商买价 + 远端掉期点的做市商卖价

27. 10月20日，某投资者预期未来的市场利率水平会下降，于是以97.300价格买入10手12月份到期的欧洲美元期货合约，当期货合约价格涨到97.800时，投资者以此价格平仓。若不计交易费用，投资者该交易的盈亏状况为（　　）。
    A. 盈利1250美元/手   B. 亏损1250美元/手
    C. 总盈利12500美元   D. 总亏损12500美元

28. 下列金融资产可以作为利率期权标的物的有（　　）。
    A. 上证50ETF   B. 国债
    C. 伦敦银行同业拆放利率   D. 大面额可转让存单

29. 下列关于期货市场价格发现特点的说法，不正确的有（　　）。
    A. 期货价格可以作为一种权威价格，被作为现货交易的定价基准
    B. 期货价格是由合约持有量最大的投资者决定的
    C. 期货价格能连续不断地反映供求关系及其变化趋势
    D. 期货价格体现了过去的商品价格

30. 郑州商品交易所的上市品种包括（　　）等。
    A. 菜籽油   B. 甲醇   C. 菜籽粕   D. 玻璃

31. 为保证期货交易的顺利进行，交易所制定了相关风险控制制度，包括（　　）等。
    A. 大户持仓报告制度   B. 保证金制度
    C. 当日无负债结算制度   D. 持仓限额制度

32. 会员制期货交易所会员应当履行的主要义务包括（　　）。
    A. 组织并监督期货交易，监控市场风险
    B. 执行会员大会，理事会的决议
    C. 接受期货交易所业务监管
    D. 遵守期货交易所的章程、业务规则及有关规定

33. 我国大连商品交易所推出的化工类期货品种有（　　）。
    A. 聚氯乙烯   B. 甲醇
    C. 线型低密度聚乙烯   D. 精对苯二甲酸

34. 期货市场对某大豆生产者的影响可能体现在（　　）。

A. 该生产者在期货市场上开展套期保值业务，以实现预期利润
B. 该生产者参考期货交易所的大豆期货价格安排大豆生产，确定种植面积
C. 该生产者发现去年现货市场需求量大，决定今年扩大生产
D. 为达到更高的交割品级，该生产者努力提高大豆的质量

35. 期货市场是一个近乎完全竞争的高度组织化和规范化的市场的原因包括（　　）。
A. 各类信息高度聚集并迅速传播　　B. 采取集中公开竞价的方式
C. 聚集了众多的买方和卖方　　　　D. 监管严格

36. 期货市场在一定程度上满足了投资者（　　）的需求。
A. 个性化资产配置　　　　　　　　B. 规避风险
C. 获得稳定投资收益　　　　　　　D. 多元化资产配置

37. 会员制期货交易所会员的基本权利包括（　　）。
A. 获得有关期货交易的信息和服务　　B. 按规定转让会员资格
C. 联名提议召开临时会员大会　　　　D. 参加会员大会，行使表决权、申诉权

38. 我国推出的化工类期货品种有（　　）等。
A. 乙醇　　　B. 精对苯二甲酸　　C. 聚氯乙烯　　D. 甲醇

39. 公司制期货交易所的组织架构一般包括（　　）。
A. 股东大会　　B. 董事会　　C. 理事会　　D. 总经理

40. 在下列情况中，可利用国债期货进行卖出套期保值的有（　　）。
A. 持有固定收益债券者，预期未来市场利率下降
B. 未来有融资需求的客户，预期未来市场利率上升
C. 持有固定收益债券者，预期未来市场利率上升
D. 未来有融资需求的客户，预期未来市场利率下降

三、判断题（共20题，每小题0.5分，共10分）正确的选 A，错误的选 B。不选、错选均不得分。

1. 在期货结算时，未平仓期货合约均以当日收盘价作为计算当日盈亏的依据。（　　）
2. 投资者下达套利市价指令时，需要注明具体的价位、买入和卖出的期货合约的种类和月份。（　　）
3. 中国期货保证金监控中心的成立，有利于保证期货交易资金安全维护投资者利益。（　　）
4. 1865年，以芝加哥商业交易所推出标准化合约为标志，真正意义上的期货交易和期货市场开始形成。（　　）
5. 投机者在客观上承担了套期保值所转移的风险。（　　）
6. 期货市场可以降低现货价格波动对生产经营的不利影响，有助于稳定国民经济。（　　）
7. 利用期货市场进行套期保值，有助于企业生产活动的平稳进行。（　　）
8. 期货投机者、其他套期保值者的参与是套期保值实现的条件。（　　）
9. 我国三家商品期货交易所均不以营利为目的。（　　）

10. 中国金融期货交易所的权力机构是股东大会。（   ）
11. 我国期货交易所均采取会员分级结算制度。（   ）
12. 在期货市场上，结算部门的职能是提供交易设施。（   ）
13. 期货公司的结算部门作为结算保证金收取、管理的机构，承担着控制市场风险的职责。（   ）
14. 交易结算会员只能为与其签订结算协议的交易会员办理结算、交割业务。（   ）
15. 美式期权与欧式期权是根据交易地域的不同划分的。（   ）
16. 股指期货期现套利交易中的模拟误差不会给原先的预期利润带来影响。（   ）
17. 在利用股指期货进行套期保值时，股票组合的β系数越大，所需要的期货合约数就越少。（   ）
18. 当期货价格和现货价格的价差和持仓费出现较大偏差时，就会产生套利机会。（   ）
19. 经期货交易所审批的套期保值头寸，其持仓也要受持仓限额的限制。（   ）
20. 我国期货交易所的会员必须是中华人民共和国境内登记注册的企业法人或者其他经济组织。（   ）

四、综合题（共20题，每小题1分，共20分）以下备选项中只有一项最符合题目要求，不选、错选均不得分。

1. 3月初，我国某铝型材厂计划在三个月后购进1000吨铝锭，决定利用铝期货进行套期保值。该厂于3月5日买入7月份铝期货合约，建仓价格为19900元/吨，此时的现货价格为19700元/吨。至6月5日，现货价格跌至17500元/吨。该厂按照此价格购入铝锭，同时以18100元/吨的价格把期货合约对冲平仓。则下列对该厂套期保值的说法中，正确的是（   ）。（不计手续费等费用，我国铝期货的交易单位为每手5吨）
   A. 期货市场亏损1600元/吨
   B. 期货市场和现货市场盈亏刚好相抵
   C. 基差走强400元/吨
   D. 通过套期保值操作，铝锭的采购成本相当于19300元/吨

2. 5月份，某进口商以67000元/吨的价格从国外进口铜，并利用铜期货进行套期保值，以67500元/吨的价格卖出9月份铜期货合约。与此同时，该进口商与某电缆厂协商以9月份铜期货合约为基准价，以低于期货价格100元/吨的价格出售。8月10日，电缆厂实施点价，以65700元/吨的期货价格作为基准价，进行实物交收。同时该进口商按价格将期货合约对冲平仓。此时现货市场铜价格为65100元/吨。则该进口商的交易（   ）。
   A. 基差走弱400元/吨，不完全套期保值，且有净亏损
   B. 通过套期保值操作，铜的实际售价为67400元/吨
   C. 与电缆厂实物交收的价格为65800元/吨
   D. 期货市场盈利1400元/吨

3. 7月初，某经销商以 5430 元/吨的价格买入 1000 吨大豆现货，同时卖出 9 月份大豆期货合约做套期保值。建仓价格为 5460 元/吨。一个月后，该经销商卖出现货，同时在期货市场平仓，此时的基差为－50 元/吨。则其套期保值效果为（　　）。（不计手续费等费用）

    A. 不完全套期保值，且有净亏损 10000 元
    B. 不完全套期保值，且有净亏损 20000 元
    C. 不完全套期保值，且有净盈利 10000 元
    D. 不完全套期保值，且有净盈利 20000 元

4. 某投资者在我国期货市场开仓卖出 10 手铜期货合约，成交价格为 67000 元/吨，当日结算价为 66950 元/吨。期货公司要求的交易保证金比例为 6%，该投资者当日交易保证金为（　　）元。（合约规模 5 吨/手，不计手续费等费用）
    A. 200850   B. 40170   C. 201000   D. 40200

5. 9月10日，我国某天然橡胶贸易商与马来西亚天然橡胶供货商签订一批天然橡胶订货合同，成交价格折合人民币 31950 元/吨。由于从订货至货物运至国内港口需要 1 个月的时间，为了防止期间价格下跌对其进口利润的影响，该贸易商决定利用天然橡胶期货进行套期保值。于是当天以 32200 元/吨的价格在 11 月份天然橡胶期货合约上建仓。至 10 月 10 日，货物到港，现货价格跌至 30650 元/吨，该贸易商将该批货物出售，并将期货合约平仓。通过套期保值操作该贸易商天然橡胶的实际售价是 32250 元/吨，那么，平仓价是（　　）元/吨。（不计手续费等费用）
    A. 32200   B. 30350   C. 30600   D. 32250

6. 7月10日，美国芝加哥期货交易所 11 月份小麦期货合约价格为 750 美分/蒲式耳，而 11 月份玉米期货合约价格为 635 美分/蒲式耳，交易者认为这两种商品合约间的价差会变大。于是，套利者以上述价格买入 10 手 11 月份小麦合约，每手为 5000 蒲式耳，同时卖出 10 手 11 月份玉米合约。9 月 20 日，该套利者同时将小麦和玉米期货合约平仓，价格分别为 735 美分/蒲式耳和 610 美分/蒲式耳。该套利交易的盈亏状况为（　　）美元。（不计手续费等费用）
    A. 盈利 500000   B. 盈利 5000   C. 亏损 5000   D. 亏损 500000

7. 9月10日，白糖现货价格为 6200 元/吨。某糖厂决定利用白糖期货对其生产的白糖进行套期保值，当天以 6150 元/吨的价格在 11 月份白糖期货合约上建仓。10 月 10 日，白糖现货价格跌至 5700 元/吨，期货价格跌至 5720 元/吨，该糖厂（　　）。

    A. 不完全套期保值，且有净盈利
    B. 通过套期保值操作，白糖的实际售价相当于是 6130 元/吨
    C. 期货市场盈利 450 元/吨
    D. 基差走弱 30 元/吨

8. 7月11日，某铝厂与某铝贸易商签订合约，约定以 9 月份铝期货合约为基准，以高于铝期货价格 100 元/吨的价格交收。同时铝厂进行套期保值，以 16600 元/吨的价格卖出 9 月份铝期货合约，此时铝现货价格为 16350 元/吨。8 月中旬，该铝厂实施点价，以 16800 元/吨的期货价格作为基准价，进行实物交收，同时按该价格将期货

合约对冲平仓，此时铝现货价格为16600元/吨。通过套期保值交易，该铝厂铝的售价相当于（   ）。
A. 16700　　　　　B. 16600　　　　　C. 16800　　　　　D. 16500

9. 我国某榨油，一预计两个月后需要1000吨大豆作为原料，决定进行大豆套期保值交易。该厂在期货合约上的建仓价格为4080元/吨。此时大豆现货价格为4050元/吨。两个月后，大豆现货价格为4350元/吨，该厂以此价格购入大豆，同时以4420元/吨的价格将期货合约对冲平仓，则该厂的套期保值效果是（   ）。（不计手续费等费用）
A. 不完全套期保值，且有净盈利40元/吨
B. 完全套期保值，期货市场与现货市场盈亏刚好相抵
C. 不完全套期保值，且有净盈利340元/吨
D. 不完全套期保值，且有净亏损40元/吨

10. 7月30日，某套利者卖出100手堪萨斯期货交易所12月份小麦期货合约，同时买入100手芝加哥期货交易所12月份小麦期货合约，成交价格分别为650美分/蒲式耳和660美分/蒲式耳。8月10日，该套利者同时将两个交易所的小麦期货合约全部平仓，成交价格分别为640美分/蒲式耳和655美分/蒲式耳。该交易盈亏状况是（   ）美元。（每手小麦合约为5000蒲式耳，不计手续费等费用）
A. 亏损75000　　B. 盈利25000　　C. 盈利75000　　D. 亏损25000

11. 6月11日，菜籽油现货价格为8800元/吨。某榨油厂决定利用菜籽油期货对其生产的菜籽油进行套期保值。当日该厂在9月份菜籽油期货合约上建仓，成交价格为8950元/吨。至8月份，现货价格至7950元/吨，该厂按此现货价格出售菜籽油，同时将期货合约对冲平仓，通过套期保值该厂菜籽油实际售价是8850元/吨，则该厂期货合约对冲平仓价格是（   ）元/吨。（不计手续费等费用）
A. 8050　　　　　B. 9700　　　　　C. 7900　　　　　D. 9850

12. 12月1日，某油脂企业与某饲料厂签订合同，约定向后者出售一批豆粕，以下一年3月份豆粕期货价格为基准，以高于期货价格10元/吨的价格作为现货交收价格。同时该油脂企业进行套期保值，以2220元/吨的价格卖出下一年3月豆粕期货合约，此时豆粕现货价格为2210元/吨。

（1）该油脂企业开始套期保值时的基差为（   ）元/吨。
A. 10　　　　　　B. 20　　　　　　C. -10　　　　　　D. -20

（2）下一年2月12日，该油脂企业实施点价，以2600元/吨的期货价格为基准价，进行实物交收，同时以该期货价格将期货合约对冲平仓，此时现货价格为2540元/吨，则该油脂企业（   ）。（不计手续费等费用）
A. 在期货市场盈利380元/吨
B. 与饲料厂实物交收的价格为2590元/吨
C. 结束套期保值时的基差为60元/吨
D. 通过套期保值操作，豆粕的售价相当于2230元/吨

13. 某投机者预测6月份大豆期货合约会下跌，于是他以2565元/吨的价格卖出3手

（1手＝10吨）大豆6月合约。此后合约价格下跌到2530元/吨，他又以此价格卖出2手6月大豆合约。之后价格继续下跌至2500元/吨，他再以此价格卖出1手6月大豆合约。若后来价格上涨到了2545元/吨，该投机者将头寸全部平仓，则该笔投资的盈亏状况为（　　）。

　　A. 亏损150元　　B. 盈利150元　　C. 亏损50元　　D. 盈利50元

14. 某投机者预测5月份大豆期货合约价格将上升，故买入10手大豆期货合约（1手＝10吨），成交价格为2030元/吨。可此后价格不升反降，为了补救，该投机者在2000元/吨再次买入5手合约，当市价反弹到（　　）元/吨时才可以避免损失。（不计税金、手续费等费用）

　　A. 2010　　B. 2015　　C. 2020　　D. 2025

15. 某日，郑州商品交易所白糖期货价格为5740元/吨，南宁同品级现货白糖价格为5440元/吨，若将白糖从南宁运到指定交割库的所有费用总和为160～190元/吨，持有现货至合约交割的持仓成本为30元/吨，则该白糖期现套利盈利额不可能是（　　）元/吨。（不考虑交易费用）

　　A. 115　　B. 105　　C. 90　　D. 80

16. 某交易者在3月1日对某品种5月份、7月份期货合约进行熊市套利，其成交价格分别为6270元/吨、6200元/吨。3月10日，该交易者将5月、7月份合约全部对冲平仓，其成交价分别为6190元/吨和6150元/吨，则该套利交易（　　）元/吨。

　　A. 盈利60　　B. 盈利30　　C. 亏损60　　D. 亏损30

17. 3月5日，某交易者卖出100手5月A期货合约同时买入100手7月该期货合约，价格分别为8520元/吨和8560元/吨，3月15日，该交易者将上述合约全部对冲平仓，5月和7月合约平仓价格分别为8600元/吨和8700元/吨，该套利交易（　　）元。（每手5吨，不计手续费等费用）

　　A. 亏损60000　　B. 亏损30000　　C. 盈利60000　　D. 盈利30000

18. 某股票当前价格为88.75港元，其看跌期权A的执行价格为110.00港元，权利金为21.50港元，另一股票当前价格为63.95港元，其看跌期权B的执行价格和权利金分别为67.50港元和4.85港元，比较A、B的时间价值（　　）。

　　A. A小于B　　　　　　　　B. A等于B
　　C. A大于B　　　　　　　　D. 条件不足，不能确定

19. 2月份到期的执行价格为380美分/蒲式耳的玉米期货看涨期权（A），其标的玉米期货价格为360美分/蒲式耳，权利金为25美分/蒲式耳；3月份到期的执行价格为390美分/蒲式耳的玉米期货看涨期权（B），该月份玉米期货价格为380美分/蒲式耳，权利金为30美分/蒲式耳。比较A、B两期权的时间价值（　　）。

　　A. 不确定　　B. A与B相等　　C. A小于B　　D. A大于B

20. 某交易者以6美元/股的价格买入一张某股票3月份到期、执行价格为100美元/股的看跌期权（合约单位为100股，不考虑交易费用）。从理论上说，该交易者从此策略中承受的最大可能损失是（　　）。

　　A. 10600美元　　B. 9400美元　　C. 无限大　　D. 600美元

模拟试卷（三）参考答案及解析

一、单项选择题

1. 【答案】 D

【解析】1972年5月，芝加哥商业交易所（CME）设立了国际货币市场分部（IMM），首次推出包括英镑、加元、西德马克、法国法郎、日元和瑞士法郎等在内的外汇期货合约。

2. 【答案】 D

【解析】1882年，芝加哥期货交易所（CBOT）允许以对冲方式免除履约责任，这更加促进了投机者的加入，使期货市场流动性加大。

3. 【答案】 B

【解析】中国金融期货交易所于2006年9月在上海挂牌成立，并于2010年4月推出了沪深300股票指数期货，对于丰富金融产品、为投资者开辟更多的投资渠道、完善资本市场体系、发挥资本市场功能，以及深化金融体制改革具有重要意义。同时，也标志着中国期货市场进入了商品期货与金融期货共同发展的新阶段。

4. 【答案】 D

【解析】沪深300股指期货合约的合约月份为当月、下月及随后两个季月，共4个月份合约。季月是指3月、6月、9月和12月。因当前时间是2015年3月28日，那么期货市场上同时有以下4个合约在交易：1F1503、1F1504、1F1506、1F1509。这4个合约中，1F1503、1F1504是当月和下月合约；1F1506、1F1509是随后两个季月合约。

5. 【答案】 A

【解析】价格发现的功能是指期货市场能够预期未来现货价格的变动，发现未来的现货价格。期货价格可以作为未来某一一时期现货价格变动趋势的"晴雨表"。

6. 【答案】 B

【解析】对于同一种商品来说，在现货市场和期货市场同时存在的情况下，在同一时空内会受到相同的经济因素的影响和制约，因而一般情况下两个市场的价格变动趋势相同，并且随着期货合约临近交割，现货价格与期货价格趋于一致。因此，其他条件不变时，铜消费市场不景气，铜的价格下降会导致铜期货价格下降。

7. 【答案】 B

【解析】期货交易可以通过对冲或到期交割来了结，其中绝大多数期货合约都是通过对冲平仓的方式了结。

8. 【答案】 B

【解析】远期交易的履约主要采用实物交收方式，虽然远期合同也可采用背书转让，但最终的履约方式是实物交收。

9. 【答案】 A

【解析】期权，也称选择权，是指期权的买方有权在约定的期限内，按照事先确定的价格，买入或卖出一定数量某种特定商品或金融指标的权利。期权的买方在约定的期限内既可以行权买入或卖出标的资产，也可以放弃行使权利，当买方选择行权时，卖方必须履约。如果在到期日之后买方没有行权,则期权作废,买卖双方权利义务随之解除。因为卖方面临较大风险,所以必需缴纳保证金作为履约担保;而买方的最大风险仅限于已经支付的期权费,所以无需缴纳保证金。

10. 【答案】 B

【解析】远期协议可以被用来给期货定价,也可以被用来给互换定价。利率互换是互换市场的一大品种,互换利率是市场重要的参考利率,而互换利率与短期利率期货利率联系密切。实践中还常用期货给互换进行套期保值。

11. 【答案】 D

【解析】期货市场通过套期保值来实现规避风险的功能的基本原理在于:对于同一种商品来说,在现货市场和期货市场同时存在的情况下,在同一时空内会受到相同的经济因素的影响和制约,因而一般情况下两个市场的价格变动趋势相同,并且随着期货合约临近交割,现货价格与期货价格趋于一致。

12. 【答案】 B

【解析】期货交易是在交易所组织的有形的公开市场内通过电子交易系统撮合成交,价格具有公开性、权威性,而互换交易一般无固定的交易场所和交易时间,可以在银行间市场或者柜台市场的交易商之间进行,也可以与最终客户直接交易,主要通过人工询价的方式撮合成交。

13. 【答案】 B

【解析】标准仓单经交易所注册后生效,可用于交割、转让、提货、质押等。

14. 【答案】 C

【解析】期货交易的对象是交易所统一制定的标准化期货合约,可以说期货不是货,而是一种合同,是一种可以反复交易的标准化合约,在期货交易中(除实物交割外)并不涉及具体的实物商品买卖,因此适合期货交易的品种是有限的。

15. 【答案】 B

【解析】期货交易与远期现货交易同属于远期交易,但是两者交易的远期合约存在着标准化与非标准化的差别。前者是由交易所统一制定的标准化远期合约;后者是交易双方私下协商达成的非标准化合同。

16. 【答案】 B

【解析】期货交易的基本特征可归纳为6个方面:①合约标准化;②场内集中竞价交易;③保证金交易;④双向交易;⑤对冲了结;⑥当日无负债结算。期货交易必须在期货交易所内进行,体现了期货交易的交易集中化特征。

17. 【答案】 D

【解析】期货交易实行保证金制度,交易者在买卖期货合约时按合约价值的一定比率缴纳保证金(一般为5%~15%)作为履约保证,即可进行数倍于保证金的交易。这种以小博大的保证金交易也被称为"杠杆交易"。

18. 【答案】 D

【解析】交易者在期货市场建仓后,大多并不是通过交割(即交收现货)来结束交易,而是通过对冲了结。买入建仓后,可以通过卖出同一期货合约来解除履约责任;卖出建仓后，可以通过买入同一期货合约来解除履约责任。

19. 【答案】 D

【解析】根据套利者对不同合约月份中近月合约与远月合约买卖方向的不同，跨期套利分为牛市套利、熊市套利和蝶式套利三种。

20. 【答案】 D

【解析】期货市场是一种接近于完全竞争市场的高度组织化和规范化的市场，拥有大量的买者和卖者，采用集中的公开竞价交易方式，各类信息高度聚集并迅速传播。

21. 【答案】 A

【解析】套期保值在期货市场上采取与现货市场上交易方向相反的交易（如现货市场卖出的同时在期货市场买进，或者相反），在两个市场上建立一种相互冲抵的机制，无论价格怎样变动，都能取得在一个市场亏损的同时在另一个市场盈利的结果。最终，亏损额与盈利额大致相等，两相冲抵，从而将价格变动的风险大部分转移出去。

22. 【答案】 A

【解析】由题意知，3个月贴现率为2%，所以发行价格 = 1000000 × （1 − 2%） = 980000（美元）。

23. 【答案】 D

【解析】期货交易与远期交易有许多相似之处，其中最突出的一点是两者均为买卖双方约定于未来某一特定时间以约定价格买入或卖出一定数量的商品。远期交易是期货交易的雏形，期货交易是在远期交易的基础上发展起来的。

24. 【答案】 A

【解析】国债基差 = 国债现货价格 − 国债期货价格 × 转换因子。

25. 【答案】 B

【解析】如果3个月后大豆价格上涨了，大豆经销商在大豆现货交易中就损失了一笔，但同时他卖出大豆期货合约，把手中的买入合约平仓，结果期货市场上的交易使他赚了一笔，但不一定正好抵补他在大豆现货市场上的损失。期货合约到期必须进行交割或平仓。

26. 【答案】 A

【解析】期货市场的价格形成机制较为成熟和完善，能够形成真实有效地反映供求关系的期货价格。这种机制下形成的价格具有预期性、连续性、公开性、权威性的特点。

27. 【答案】 D

【解析】期货市场交易的是标准化的合约，除价格之外的其他因素一般由交易所统一制定，供求双方只能就成交价格协商。

28. 【答案】 C

【解析】中期国债是指偿还期限在1年至10年之间的国债。

29. 【答案】 A

【解析】目前，纽约商业交易所（NYMEX）和位于伦敦的洲际交易所（ICE）是世界上最具影响力的能源期货交易所，上市品种有原油、汽油、取暖油、乙醇等。

30. 【答案】 C

【解析】期货交易萌芽于远期交易。交易方式的长期演进，尤其是远期现货交易的集中化和组织化，为期货交易的产生和期货市场的形成奠定了基础。

31．【答案】 A

【解析】随着芝加哥农业的发展，农产品的供求矛盾日益突出。当地经销商的出现，缓解了季节性的供求矛盾和价格的剧烈波动，稳定了粮食生产。但是，当地经销商面临着谷物过冬期间价格波动的风险。为了规避风险，当地经销商在购进谷物后就前往芝加哥，与那里的谷物经销商和加工商签订来年交货的远期合同。

32．【答案】 B

【解析】商品期货的发展历程为：农产品期货—金属期货—能源化工期货。

33．【答案】 D

【解析】D项，小麦属于农产品期货中的谷物期货。

34．【答案】 C

【解析】一般地，市场利率上升，标的物期限较长的国债期货合约价格的跌幅会大于期限较短的国债期货合约价格的跌幅，投资者可以择机持有较长期国债期货的空头和较短期国债期货的多头，以获取套利收益。

35．【答案】 C

【解析】大连商品交易所上市交易的主要品种有玉米、黄大豆、豆粕、豆油、棕榈油、线型低密度聚乙烯（LLDPE）、聚氯乙烯（PVC）、聚丙烯、焦炭、焦煤、铁矿石、鸡蛋、胶合板、玉米淀粉期货等。ABD三项均是郑州商品交易所的交易品种。

36．【答案】 B

【解析】董事会是公司制期货交易所的常设机构，行使股东大会授予的权力，对股东大会负责，执行股东大会决议。

37．【答案】 C

【解析】当一种期权处于深度实值状态时，市场价格变动使它继续增加内涵价值的可能性很小，使它减少内涵价值的可能性较大。

38．【答案】 D

【解析】A项，在我国境内期货交易所中，上海期货交易所、大连商品交易所和郑州商品交易所是会员制期货交易所，中国金融期货交易所是公司制期货交易所；B项，菜籽油是郑州商品交易所的上市品种，棕榈油是大连商品交易所的上市品种；C项，会员制期货交易所通常不以营利为目标，公司制期货交易所通常以营利为目标，追求交易所利润最大化。

39．【答案】 D

【解析】中国金融期货交易所规定，当日结算价是指某一期货合约最后1小时成交价格按照成交量的加权平均价。

40．【答案】 D

【解析】中国金融期货交易所采取会员分级结算制度。在会员分级结算制度下，期货交易所将交易所会员区分为结算会员与非结算会员。结算会员与非结算会员是根据会员能否直接与期货交易所进行结算来划分的。结算会员具有与交易所进行结算的资格；非结算会员不具有与期货交易所进行结算的资格。在会员分级结算制度下，期货交易所对结算会员结算，结算会员对非结算会员结算,非结算会员对其受托的客户结算。

41. 【答案】 A

【解析】郑州商品交易所、大连商品交易所和上海期货交易所实行全员结算制度。全员结算制度是指期货交易所会员均具有与期货交易所进行结算的资格,期货交易所的会员均既是交易会员,也是结算会员,没有结算会员与非结算会员之分。在全员结算制度下,期货交易所对会员进行结算,会员对其受托的客户结算。

42. 【答案】 A

【解析】买入套期保值是指套期保值者通过在期货市场建立多头头寸,预期对冲其现货商品或资产空头,或者未来将买入的商品或资产的价格上涨风险的操作。

43. 【答案】 A

【解析】19世纪下半叶,伦敦金属交易所(LME)开金属期货交易的先河,先后推出铜、锡等期货品种。

44. 【答案】 D

【解析】一般认为,期货交易萌芽于欧洲。早在古希腊和古罗马时期,欧洲就出现过中央交易场所、大宗易货交易以及带有期货贸易性质的交易活动。较为规范化的期货市场在19世纪中期产生于美国芝加哥。1848年,82位美国商人在芝加哥发起组建了世界上第一家较为规范化的期货交易所——芝加哥期货交易所(CBOT,又称芝加哥谷物交易所),即首家现代意义上的期货交易所。

45. 【答案】 C

【解析】1999年,期货经纪公司的准入门槛提高,最低注册资本金不得低于3000万元人民币。

46. 【答案】 A

【解析】1990年10月12日,经国务院批准,郑州粮食批发市场以现货交易为基础,引入期货交易机制,作为我国第一个商品期货市场开始起步。

47. 【答案】 C

【解析】出口量主要受国际市场供求状况、内销和外销价格比、关税和非关税壁垒、汇率等因素的影响。

48. 【答案】 C

【解析】期货经纪业务是指代理客户进行期货交易并收取交易佣金的业务。分为境内期货经纪业务和境外期货经纪业务。

49. 【答案】 C

【解析】资产管理业务是指期货公司可以接受客户委托,根据《期货公司监督管理办法》、《私募投资基金监督管理暂行办法》规定和合同约定,运用客户资产进行投资,并按照合同约定收取费用或者报酬的业务活动。资产管理业务的投资收益由客户享有,损失由客户承担。

50. 【答案】 A

【解析】证券公司受期货公司委托从事中间介绍业务,应当提供下列服务:①协助办理开户手续;②提供期货行情信息和交易设施;③中国证监会规定的其他服务。证券公司不得代客户进行期货交易、结算或交割，不得代期货公司、客户收付期货保证金，不得利用证券资金账户为客户存取、划转期货保证金。

51.【答案】　B

【解析】期货公司应当建立独立的风险管理系统，规范、完善的业务操作流程和风险管理制度。合理设置业务部门及其职能，建立岗位责任制度，不相容岗位应当分离。期货公司应设立合规审查部门或者岗位，审查和稽核期货公司经营管理的合法合规性。

52.【答案】　D

【解析】政治因素会对期货价格造成影响，如1990年10月2日，伊拉克入侵科威特，国际市场上石油价格暴涨。

53.【答案】　A

【解析】期货公司应建立与风险监管指标相适应的内控制度，建立以净资本为核心的动态风险监控和资本补足机制，确保净资本等风险监管指标持续符合标准。

54.【答案】　A

【解析】期货公司应当设首席风险官，对期货公司经营管理行为的合法合规性、风险管理进行监督、检查。首席风险官发现涉嫌占用、挪用客户保证金等违法违规行为或者可能发生风险的，应当立即向住所地中国证监会派出机构和公司董事会报告。期货公司拟解聘首席风险官的，应当有正当理由，并向住所地中国证监会派出机构报告。

55.【答案】　C

【解析】跨期套利是指在同一市场（即同一交易所）同时买入、卖出同种商品不同交割月份的期货合约，以期在有利时机同时将这些期货合约对冲平仓获利。

56.【答案】　D

【解析】储运商手头有库存现货尚未出售，担心日后出售时价格下跌应采取卖出套期保值策略。A、B、C项应采用买入套期保值策略。

57.【答案】　D

【解析】期货公司作为场外期货交易者与期货交易所之间的桥梁和纽带，其主要职能包括：①根据客户指令代理买卖期货合约、办理结算和交割手续；②对客户账户进行管理，控制客户交易风险；③为客户提供期货市场信息，进行期货交易咨询，充当客户的交易顾问；④为客户管理资产，实现财富管理等。

58.【答案】　D

【解析】在我国，为期货公司提供中间介绍业务的证券公司就是介绍经纪商。证券公司受期货公司委托，可以将客户介绍给期货公司，并为客户开展期货交易提供一定的服务，期货公司因此向证券公司支付一定的佣金。这种为期货公司提供中间介绍业务的证券公司就是券商IB。

59.【答案】　A

【解析】1992年9月，我国第一家期货经纪公司——广东万通期货经纪公司成立。

60.【答案】　A

【解析】在我国，期货公司业务实行许可制度，由国务院期货监督管理机构按照其商品期货、金融期货业务种类颁发许可证。

二、多项选择题

1. 【答案】 ABCD

【解析】标的物为金融产品的期货合约称作金融期货。ABCD 四项均属于金融产品。

2. 【答案】 AC

【解析】集合竞价采用最大成交量原则，即以此价格成交能够得到最大成交量。高于集合竞价产生的价格的买入申报全部成交；低于集合竞价产生的价格的卖出申报全部成交；等于集合竞价产生的价格的买入或卖出申报，根据买入申报量和卖出申报量的多少，按少的一方的申报量成交。

3. 【答案】 ABC

【解析】标准化合约、保证金制度、对冲机制和统一结算的实施，标志着现代期货市场的确立。

4. 【答案】 BC

【解析】进行买入套期保值时，基差走强，期货市场和现货市场不能完全盈亏相抵，存在净亏损。

5. 【答案】 ABCD

【解析】A 项，期货交易有特定的保证金制度；远期交易是否收取或收取多少保证金由交易双方商定。B 项，期货交易的信用风险较小；远期交易具有较高的信用风险。C 项，期货交易的是标准化期货合约，在场内进行；远期交易的对象是交易双方私下协商达成的非标准化合同，一般在场外进行。D 项，期货交易有实物交割与对冲平仓两种履约方式，其中绝大多数期货合约都是通过对冲平仓的方式了结的；远期交易履约方式主要采用实物交收方式，虽然也可采用背书转让方式，但最终的履约方式是实物交收。

6. 【答案】 AC

【解析】期货合约是由交易所统一制定的标准化合约。在合约中，标的物的数量、规格、交割时间和地点等都是既定的。这种标准化合约给期货交易带来极大的便利，交易双方不需要事先对交易的具体条款进行协商，从而节约了交易成本，提高了交易效率和市场流动性。此外，期货交易实行保证金制度，对履约有保证。B 项，现货交易的对象主要是实物商品，期货交易的对象是标准化合约，但这不是企业选择期货市场实物交割的原因；D 项，期货价格可能高于现货价格，也可能低于现货价格。

7. 【答案】 BCD

【解析】远期交易从交易达成到最终完成实物交割有相当长的一段时间，此间市场会发生各种变化，各种不利于履约的行为都有可能出现。例如，买方资金不足，不能如期付款；卖方生产不足，不能保证供应；市场价格趋涨，卖方不愿按原定价格交货；市场价格趋跌，买方不愿按原定价格付款等。这些都会使远期交易不能最终完成，加之远期合同不易转让，所以，远期交易具有较高的信用风险。

8. 【答案】 ABD

【解析】C 项，期货交易的对象为交易所统一制定的各种标准化的期货合约。

9. 【答案】 ABD

【解析】期货交易采用双向交易方式。交易者既可以买入建仓，即通过买入期货合约开始交易；也可以卖出建仓，即通过卖出期货合约开始交易。前者也称为"买空"，后者也称为"卖空"。

10. 【答案】 ABD

【解析】就看涨期权而言，市场价格较执行价格高时，期权具有内涵价值，高出越多，内涵价值越大；当市场价格等于或低于执行价格时，内涵价值为0。

11. 【答案】 ABED

【解析】A项，期货合约不具有内在价值，不具备抵押、担保和储备的职能，而且不能长期持有，在合约到期日之后必须进行交割；B项，期货市场是为了满足规避现货价格风险的需要而形成的，获取投资收益并非其本质属性；C项，期货交易实行保证金制度，是一种以小博大的杠杆交易；D项，期货交易实行双向交易，既可以买空也可以卖空。

12. 【答案】 ACD

【解析】期货交易即期货合约的买卖，其交易对象是标准化的期货合约，它由远期交易衍生而来，是与现货交易相对应的交易方式。

13. 【答案】 BCD

【解析】外汇衍生品通常是指从外汇等基础资产派生出来的交易工具，其种类包括外汇远期、外汇期货、外汇掉期与货币互换、外汇期权及其他外汇衍生品。利用外汇衍生品交易可以规避汇率风险，帮助企业实现风险管理的目标。

14. 【答案】 ABC

【解析】期货交易中，投资者可以通过对冲平仓或实物交割的方式了结仓位，而大多数投资者均选择对冲平仓而非到期交割。期权交易中，投资者了结的方式包括三种：对冲、行使权利或到期放弃权利。

15. 【答案】 ACD

【解析】期货与互换的区别包括：①标准化程度不同，期货交易的对象是交易所统一制定的标准化期货合约，而互换交易的对象则是交易双方私下协商达成的非标准化合同；②成交方式不同，期货交易是在交易所组织的有形的公开市场内通过电子交易系统撮合成交，而互换交易一般无固定的交易场所和交易时间；③合约双方关系不同，互换协议是交易双方直接签订，是一对一的，互换的违约风险主要取决于对手的信用，而期货交易则不同，合约的履行不取决于交易对手，而取决于期货结算机构在期货交易中充当中央对手的角色。

16. 【答案】 AD

【解析】升贴水与两种货币的利率差密切相关。一般而言，利率较高的货币远期汇率表现为贴水，即该货币的远期汇率比即期汇率低；利率较低的货币远期汇率表现为升水，即该货币的远期汇率比即期汇率高。

17. 【答案】 AD

【解析】东北地区作为我国重要的农业基地，是我国玉米、大豆和水稻的主要产区，遭遇灾害性天气会导致玉米、大豆产量下降，价格上升，从而影响期货合约的价格。

18. 【答案】 BC

【解析】买入套期保值的操作，主要适用于以下情形：(1) 预计在未来要购买某种商品或资产，购买价格尚未确定时，担心市场价格上涨，使其购入成本提高。（2）目前尚未持有某种商品或资产，但已按固定价格将该商品或资产卖出（此时处于现货空头头寸），担心市场价格上涨，影响其销售收益或者采购成本。

19. 【答案】 ABD

【解析】通过期货市场进行套期保值，可以帮助生产经营者规避现货市场的价格风险，达到锁定生产成本、实现预期利润的目的，使生产经营活动免受价格波动的干扰。

20. 【答案】 BC

【解析】期货市场的功能包括：规避风险、价格发现以及资产配置。

21. 【答案】 CD

【解析】规避价格风险并不意味着期货交易本身无价格风险。实际上，期货价格的上涨或下跌既可以使期货交易盈利，也可以使期货交易亏损。在期货市场进行套期保值交易的主要目的，并不在于追求期货市场上的盈利，而是要实现以一个市场上的盈利抵补另一个市场上的亏损。这正是规避风险这一期货市场基本功能的要义所在。另外，期货在本质上是一种风险管理工具，并不能消灭风险，现货市场价格波动的风险是一种客观存在。

22. 【答案】 AC

【解析】金融期货主要包括外汇期货、利率期货、股票期货和股指期货。A、C项属于商品期货。

23. 【答案】 BD

【解析】当市场出现供给不足、需求旺盛或者远期供给相对旺盛的情形，导致较近月份合约价格上涨幅度大于较远月份合约价格的上涨幅度，或者较近月份合约价格下降幅度小于较远月份合约价格的下跌幅度，无论是正向市场还是反向市场，在这种情况下，买入较近月份的合约同时卖出较远月份的合约进行套利，盈利的可能性比较大。我们称这种套利为牛市套利。

24. 【答案】 ABC

【解析】沪深300股指期货的交易指令分为市价指令、限价指令及交易所规定的其他指令。交易指令每次最小下单数量为1手，市价指令每次最大下单数量为50手，限价指令每次最大下单数量为100手。

25. 【答案】 ABC

【解析】当存在期价高估时，交易者可通过卖出股指期货同时买入对应的现货股票进行套利交易，这种操作称为"正向套利"。当存在期价低估时，交易者可通过买入股指期货同时卖出对应的现货股票进行套利交易，这种操作称为"反向套利"。期现套利是指交易者利用期货市场与现货市场之间的不合理价差，通过在两个市场上进行反向交易，待价差趋于合理而获利的交易。

26. 【答案】 AC

【解析】B项和D项为发起方近端卖出、远端买入的报价。

27. 【答案】 AC

【解析】芝加哥商业交易所的3个月欧洲美元期货合约的最小变动价位为1/4个基点（1个基点是指数的1%，即0.01，代表的合约价值为$1000000 \times 0.01\% \times 3/12 = 25$美元）。

题中投资者低买高卖收益为 50 点/手（97.8 - 97.3 = 0.5），即总盈利 25 × 50 × 10 = 12500（美元），其中每手 1250 美元。

28. 【答案】 BCD

【解析】利率期权的标的物一般是利率和与利率挂钩的产品，包括国债、存单等。上证 50ETF 期权为权益类期权。故 A 项错误。

29. 【答案】 BD

【解析】B 项，期货价格是大量的交易者集中在场内公开竞价形成的，不是由持有量最大的投资者决定的；D 项，期货价格较为客观地反映出了未来的供求关系和价格变动趋势，并不是体现过去商品价格。

30. 【答案】 ABCD

【解析】郑州商品交易所上市交易的主要品种包括棉花、白糖、精对苯二甲酸（PTA）、菜籽油、小麦、早籼稻、甲醇、动力煤、玻璃、油菜籽、菜籽粕、粳稻、晚籼稻、铁合金期货等。

31. 【答案】 ABCD

【解析】期货交易所通过制定保证金制度、涨跌停板制度、持仓限额制度、大户持仓报告制度、强行平仓制度、当日无负债结算制度、风险准备金制度等一系列制度，从市场的各个环节控制市场风险，保障期货市场的平稳、有序运行。

32. 【答案】 BCD

【解析】会员制期货交易所会员应当履行的主要义务包括：①遵守国家有关法律、法规、规章和政策；②遵守期货交易所的章程、业务规则及有关决定；③按规定缴纳各种费用；④执行会员大会、理事会的决议；⑤接受期货交易所业务监管等。A 项属于期货交易所的职能之一。

33. 【答案】 AC

【解析】大连商品交易所成立于 1993 年 2 月 28 日。大连商品交易所上市交易的主要品种有玉米、黄大豆、豆粕、豆油、棕榈油、线型低密度聚乙烯（LLDPE）、聚氯乙烯（PVC）、聚丙烯、焦炭、焦煤、铁矿石、鸡蛋、胶合板、玉米淀粉期货等。BD 两项，甲醇和精对苯二甲酸均属于郑州商品交易所的期货品种。

34. 【答案】 ABD

【解析】C 项，生产者根据现货市场需求扩大生产，不是受期货市场影响。

35. 【答案】 ABC

【解析】相关研究表明，信息不完全和不对称会导致价格扭曲和市场失灵，而期货市场是一个近乎完全竞争的高度组织化和规范化的市场，聚集了众多的买方和卖方，采取集中公开竞价的方式，各类信息高度聚集并迅速传播。因此价格机制更为成熟和完善，能够形成真实反映供求关系的期货价格。

36. 【答案】 ABD

【解析】在后金融危机时代，越来越多的投资者开始重视期货市场，并期望借助期货市场的独特优势为其持有的资产进行优化配置。而金融期货的迅猛发展以及大宗商品交易金融化程度的提高，也为越来越多的机构和个人提供了资产配置的平台，期货市场也相应地具备了资产配置的功能，从而在一定程度上满足了投资者对于规避风险以及个性化、分散化、多元化的资产配置的需求。

37．【答案】　ABCD

【解析】会员制期货交易所会员的基本权利包括：①参加会员大会，行使表决权、申诉权；②在期货交易所内进行期货交易，使用期货交易所提供的交易设施、获得期货交易的信息和服务；③按规定转让会员资格，联名提议召开临时会员大会等。

38．【答案】　BCD

【解析】精对苯二甲酸（PTA）、甲醇是郑州商品交易所上市交易的主要品种之一；聚氯乙烯（PVC）是大连商品交易所上市交易的主要品种之一。A项，乙醇在我国还没有期货交易。

39．【答案】　ABD

【解析】公司制期货交易所通常由若干股东共同出资组建，以营利为目的，股份可以按照有关规定转让，其盈利来自从交易所进行的期货交易中收取的各种费用。公司制期货交易所一般下设股东大会、董事会、监事会（或监事）及高级管理人员，他们各负其责，相互制约。总经理是负责期货交易所日常经营管理工作的高级管理人员。

40．【答案】　BC

【解析】国债期货卖出套期保值是通过期货市场开仓卖出利率期货合约，以期在现货和期货两个市场建立盈亏冲抵机制，规避市场利率上升的风险。其适用的情形主要有：（1）持有债券，担心利率上升，其债券价格下跌或者收益率相对下降。（2）利用债券融资的筹资人，担心利率上升，导致融资成本上升。（3）资金的借方，担心利率上升，导致借入成本增加。

三、判断题

1．【答案】　B

【解析】结算价是当天交易结束后，对未平仓合约进行当日交易保证金及当日盈亏结算的基准价。

2．【答案】　B

【解析】市价指令是期货交易中常用的指令之一。它是指按当时市场价格即刻成交的指令。C客户在下达这种指令时不须指明具体的价位，而是要求以当时市场上可执行的最好价格达成交易。

3．【答案】　A

【解析】中国期货保证金监控中心于2006年5月成立，作为期货保证金安全存管机构，保证金监控中心为有效降低保证金被挪用的风险、保证期货交易资金安全，以及维护投资者利益发挥了重要作用。

4．【答案】　B

【解析】1865年，芝加哥期货交易所推出了标准化合约，取代了原先使用的远期合同。

5．【答案】　A

【解析】生产经营者通过套期保值来规避风险，但套期保值并不是消灭风险，而只是将其转移，转移出去的风险需要有相应的承担者，期货投机者正是期货市场的风险承担者。当套期保值的空头和多头头寸不能完全匹配时，投机者会进入市场承担风险。

6. 【答案】　A

【解析】利用期货市场进行套期保值，可以帮助生产经营者规避现货市场的价格风险，达到锁定生产成本、实现预期利润的目的，避免企业生产活动受到价格波动的干扰，保证生产活动的平稳进行。期货市场提供分散、转移价格风险的工具，有助于稳定国民经济。

7. 【答案】　A

【解析】利用期货市场进行套期保值，可以帮助生产经营者规避现货市场的价格风险，达到锁定生产成本、实现预期利润的目的，使生产经营活动免受价格波动的干扰，保证生产活动的平稳进行。

8. 【答案】　A

【解析】期货本质上是一种风险管理工具，并不能消灭风险。经由期货市场规避的风险，也就是套期保值者转移出去的风险，这些风险是由套期保值者的交易对手承担了，在这些交易对手中，一部分是其他套期保值者，但主要是期货市场中的投机者。所以，期货投机者、其他套期保值者的参与是套期保值实现的条件。

9. 【答案】　A

【解析】根据《期货交易管理条例》第七条，期货交易所不以营利为目的，按照其章程的规定实行自律管理。期货交易所以其全部财产承担民事责任。期货交易所的负责人由国务院期货监督管理机构任免。

10. 【答案】　A

【解析】中国金融期货交易所是公司制期货交易所。股东大会由全体股东共同组成，是公司制期货交易所的最高权力机构。股东大会就公司的重大事项作出决议。

11. 【答案】　B

【解析】我国境内期货结算制度分为全员结算制度和会员分级结算制度两种类型。郑州商品交易所、大连商品交易所和上海期货交易所实行全员结算制度，中国金融期货交易所采取会员分级结算制度。

12. 【答案】　B

【解析】期货结算机构是负责交易所期货交易的统一结算、保证金管理和结算风险控制的机构。其主要职能包括：担保交易履约、结算交易盈亏和控制市场风险。负责提供交易设施的是期货交易所。

13. 【答案】　B

【解析】结算机构通过对会员保证金的管理、控制而有效控制市场风险，以保证期货市场平稳运行。这里所指的结算机构可能是某一交易所内部机构的结算机构，也可能是独立的结算公司。

14. 【答案】　B

【解析】特别结算会员只能为与其签订结算协议的交易会员办理结算、交割业务。而交易结算会员只能为其受托客户办理结算、交割业务。

15. 【答案】　B

【解析】按期权持有者可行使交割权利的时间不同,外汇期权可以分为美式期权和欧式期权。美式期权和欧式期权的划分并无地域上的差别。

16.【答案】 B

【解析】股指期货期现套利交易中的模拟误差会给套利者原先的利润预期带来一定的影响。

17.【答案】 B

【解析】当现货总价值和期货合约的价值已定下来后,所需买卖的期货合约数就与β系数的大小相关,β系数越大,所需要的期货合约数就越多;反之,则越少。

18.【答案】 A

【解析】当期货价格和现货价格的价差和持仓费出现较大偏差时,就会产生套利机会。

19【答案】 B

【解析】进行套期保值交易和套利交易的客户的持仓按照交易所有关规定执行,不受持仓限额限制。

20.【答案】 A

【解析】期货交易所会员应当是在中华人民共和国境内登记注册的企业法人或者其他经济组织。取得期货交易所会员资格,应当经期货交易所批准。

四、综合题

1.【答案】 D

【解析】买入套期保值过程如下表所示。

市场 时间	现货市场	期货市场	基差
3月5日	市场价格19700元/吨	买入7月份铝期货,19900元/吨	-200元/吨
6月5日	买入价格17500元/吨	卖出平仓7月份铝期货,18100元/吨	-600元/吨
盈亏	相当于盈利2200元/吨	亏损1800元/吨	走弱400元/吨
净盈亏	净盈利400元/吨		

因此,购买铝锭的实际成本 = 17500 + 1800 = 19300(元/吨)。

2.【答案】 B

【解析】依题意,实物交收价格 = 65700 - 100 = 65600(元/吨)。套期保值效果如表1所示。

表1 铜套期保值

市场 时间	现货市场	期货市场	基差
5月份	67000元/吨买入	67500元/吨卖出	-500元/吨
8月份	65600元/吨卖出	65700元/吨买入	-100元/吨
盈亏	亏损1400元/吨	盈利1800元/吨	走强400元/吨
净盈余	净盈利=400元/吨		

通过套期保值，铜的实际售价相当于：现货市场实际销售价格+期货市场每吨盈利=65600+1800=67400（元/吨）。

3. 【答案】 B

【解析】该经销商做的是空头套期保值，7月份基差=5430-5460=-30（元/吨），8月份基差为-50元/吨，基差走弱20元/吨，属于不完全套期保值，有净亏损，该经销商净亏损：20×1000=20000（元）。

4. 【答案】 A

【解析】当日交易保证金=当日结算价×当日交易结束后的持仓总量×交易保证金比例=66950×10×5×6%=200850（元）。

5. 【答案】 C

【解析】该贸易商在现货市场上的盈亏为：30650-31950=-1300（元/吨）；设平仓价为x，则该贸易商在期货市场上的盈亏为：(32200-x)元/吨；该贸易商总的盈亏状况为：(32200-x)-1300=(30900-x)元/吨。通过套期保值操作该贸易商天然橡胶的实际售价：31950+30900-x=32250，解得x=30600（元/吨）。

6. 【答案】 B

【解析】计算过程如表所示。

7月10日	买入10手11月份小麦合约，价格为750美分/蒲式耳	卖出10手11月份玉米合约，价格为635美分/蒲式耳	价差115美分/蒲式耳
9月20日	卖出10手11月份小麦合约，价格为735美分/蒲式耳	买入10手11月份玉米合约，价格为610美分/蒲式耳	价差125美分/蒲式耳
套利结果	每手亏损15美分/蒲式耳	每手盈利25美分/蒲式耳	价差扩大10美分/蒲式耳
	净获利(0.25-0.15)×10×5000=5000（美元）		

7. 【答案】 B

【解析】糖厂为了回避白糖价格下跌的风险，选择卖出套期保值，因此在期货市场上卖出建仓，糖厂一在期货市场上获利=6150-5720=430（元/吨），实际售价：5700+430=6130（元/吨），现货市场相当于亏损6200-5700=500（元/吨），所以，不完全套期保值，且有净亏损。建仓时基差=6200-6150=50（元/吨），10月份基差=5700-5720=-20（元/吨），基差走弱70元/吨。

8. 【答案】 A

【解析】与铝贸易商实物交收的价格为16800+100=16900（元/吨），期货市场盈亏为16600-16800=-200（元/吨），通过套期保值操作，铝的实际售价为16900-200=16700（元/吨）。

9. 【答案】 A

【解析】买入套期保值是指套期保值者通过在期货市场建立多头头寸，预期对冲其现货商品或资产空头，或者未来将买入的商品或资产的价格上涨风险的操作。计算过程如表2所示。

表2 买入套期保值盈亏分析表

时间＼市场	现货市场	期货市场
当日	市场价格4050元/吨	买入大豆期货合约，4080元/吨
两个月后	买入价格4350元/吨	卖入大豆期货合约，4420元/吨
盈亏	亏损300元/吨	盈利340元/吨

由表2可见，该厂套期保值效果是不完全套期保值，且有净盈利40元/吨。

10. 【答案】 B

【解析】小麦期货合约每手=5000蒲式耳，则跨市套利损益如下表所示。

7月30日	卖出100手堪所12月份小麦期货合约，价格为650美分/蒲式耳	买入100手芝所12月份小麦期货合约，价格为660美分/蒲式耳
8月10日	买入100手堪所12月份小麦期货合约，价格为640美分/蒲式耳	卖出100手芝所12月份小麦期货合约，价格为655美分/蒲式耳
套利结果	每手获利10美分/蒲式耳	每手亏损5美分/蒲式耳
	净获利（0.1－0.05）×100×5000＝25000（美元）	

11. 【答案】 A

【解析】设该厂期货合约对冲平仓价格为x，则该厂菜籽油实际售价＝7950＋（8950－x）＝8850，解得x＝8050。

12. (1)【答案】 C

【解析】基差是某一特定地点某种商品或资产的现货价格与相同商品或资产的某一特定期货合约价格间的价差。根据公式，可得：基差＝现货价格－期货价格：2210－2220＝－10（元/吨）。

(2)【答案】 D

【解析】A项，期货市场亏损＝2600－2220＝380（元/吨）；13项，实物交收的价格：2600＋10＝2610（元/吨）；C项，结束套期保值时的基差＝2540－2600＝－60（元/吨）；D项，实际售价相当于2610－380＝2230（元/吨）。

13. 【答案】 A

【解析】该笔投资的盈亏为：（2565－2545）×10×3＋（2530－2545）×10×2＋（2500－2545）×10×1＝－150（元），即亏损150元。

14. 【答案】 C

【解析】总成本＝2030×10×10＋2000×5×10＝303000（元）；当价格反弹至303000÷（10＋5）÷10＝2020（元/吨）时才可以避免损失。

15. 【答案】 A

【解析】当期货价格大于现货价格时，称作"正向市场"。正向市场主要反映了持仓费。盈利空间为：[5740－5440－30－190]～[5740－5440－30－160]，即80～110元/吨。

16. 【答案】 B

【解析】该交易者进行的是反向市场熊市套利，建仓时价差＝6270－6200＝70（元/吨），平仓价差＝6190－6150＝40（元/吨），价差缩小，有净盈利＝70－40＝30（元/吨）。

17. 【答案】　D

【解析】交易结果如表3所示。

表3　熊市套利策略

3月5日	卖出100手5月A期货合约，价格为8520元/吨	买入100手7月A期货合约，价格为8560元/吨
3月15日	买入100手5月A期货合约，价格为8600元/吨	卖出100手7月A期货合约，价格为8700元/吨
亏盈状况	亏损80元/吨	盈利40元/吨
最终结果	盈利60元/吨，总盈利60×100×5＝30000（元）	

18. 【答案】　A

【解析】根据公式，时间价值＝权利金－内涵价值，看跌期权的内涵价值＝执行价格－标的资产价格。可知：看跌期权A的时间价值＝21.50－(110－88.75)＝0.25（港元），看跌期权B的时间价值＝4.85－(67.50－63.95)＝1.3（港元）。

19. 【答案】　C

【解析】时间价值＝权利金－内涵价值，看涨期权的内涵价值＝标的资产价格－执行价格，看跌期权的内涵价值＝执行价格－标的资产价格，如果计算结果小于等于0，则内涵价值等于0。故A、B期权内涵价值均为0，时间价值即为权利金。期权A的时间价值为25美分/蒲式耳，期权B的时间价值为30美分/蒲式耳。

20. 【答案】　D

【解析】看跌期权多头的最大损失为期权费。该交易者从此策略中承受的最大可能损失是：6美元/股×100股＝600（美元）。